Herausgegeben von Gylfe Schollak

Heinz Berggruen

Kleine Abschiede

1935–1937:
Berlin
Kopenhagen
Kalifornien

Mit einem Vorwort
von Klaus Harpprecht

: TRANSIT

Inhalt

Klaus Harpprecht

Vorwort

Das Feuilleton: längst hat sich der Begriff als Obertitel für die Kultur-Seiten der Zeitung in unseren Köpfen festgesetzt, Kennwort für eine separate Abteilung der Redaktion, die sich durch den Glanz der Bildung, die Hingabe an die Musen und das Privileg der kritischen Analyse des Zeitgeistes auf sanft hochmütige Weise vom politischen Ressort, von der Wirtschaft, von den Börsenberichten und, Gott behüte!, dem Sportteil unterscheidet. Das Feuilleton: es ist freilich in den jüngsten Jahren zur Kampfparole, ja zum Schlagwort im Aufstand geschundener Autoren geworden – Ausdruck ihrer Verachtung der Kritiker-Macht, von der sie sich niedergeknüppelt fühlen. Voller Zorn und voller Hohn ziehen sie gegen »das deutsche Feuilleton« zu Felde. So scheint ein schönes Wort kraft der merkwürdigsten Mutationen auf den Hund zu kommen.

Feuilleton … das Blättchen, wie es in Zeiten der Unschuld wortgetreu hieß. Heinz Berggruens Skizzen, seine kleinen Geschichten, die so viel Großes andeuten können, seine Miniatur-Reportagen, die Portraits, mit ein paar sparsamen Strichen entworfen, die unprätentiösen Besinnlichkeiten, die er vor nahezu siebzig Jahren für die »Frankfurter Zeitung« und nach der Heimkehr ins alt-neue Berlin für die »Frankfurter Allgemeine Zeitung« schrieb – sie führen uns auf überraschende Weise vor, was das »Feuilleton« einst gewesen ist: das, was »unterm Strich« in der Zeitung stand. Blättchen, die mit der Grazie des Beiläufigen vorüberschwebten, mit Leichtigkeit (die eine so schwierige Kunst ist) himmelwärts oder erdwärts flatterten. Die sich freilich auch unversehens mit beinahe erdrückender Schwere auf die Seele legen konnten. Heinz Berggruen ist einer der wenigen, vielleicht der letzte, die der Urform des »Feuilletons« gerecht werden. Es gab in Deutschland ohnedies nicht allzu viele, die sich als Meister des Genres anführen ließen: der vergessene Aubertin vielleicht, Franz Hessel, der Flaneur, Kurt Tucholsky, Friedrich Sieburg – sie allesamt von Frankreich und seinen Musen berührt. Das gilt auch für Berggruen. (Den Österreichern, nein den Wienern schien die »kleine Form« natürlicher in die Feder zu wachsen: Alfred Polgar, Peter Altenberg, Anton Kuh, Friedrich Torberg und so viele andere.)

Umso schöner die Überraschung, daß nach den Sammlungen »Monsieur Picasso und Herr Schaften« und »Spielverderber, nicht alle«, von Wagenbach in hübschen sattroten Bändchen (im länglichen Format der Berggruen-Kataloge) präsentiert, sich in den Archiven und Bibliotheken noch einige verstreute Stücke fanden, die der einundzwanzigjährige Jüngling 1935 und 1936 in der »Frankfurter Zeitung« publizieren konnte. Sie machen den einen Teil dieser neuen Anthologie aus. Vom zweiten, der sehr anders geprägt ist, wird die Rede sein.

Man könnte Berggruen, der als Kunsthändler und Kunstsammler zu Weltruhm kam, einen geborenen Journalisten nennen. Wie jung er war – einundzwanzig, zweiundzwanzig –, als er jene Beobachtungen und Betrachtungen aufschrieb, und doch hatte er, nach einem Studium in Grenoble und Toulouse, schon die LICENCE ÈS LETTRES in der Tasche, die sich mit dem MAGISTER ARTIUM gleichsetzen läßt. Heutzutage zählen die

Volontäre unserer Zeitungen sechsundzwanzig oder siebenundzwanzig Jahre, ehe sie sich zu ihren ersten Versuchen an einen Redaktions-PC setzen dürfen, achtundzwanzig oder neunundzwanzig, wenn sie – Opfer eines unausrottbaren akademisch-deutschen Wahns – ihrem Namen den Doktortitel anfügen wollen: nach klassischen Maßstäben des Journalismus im Grunde zu alt, um jenen Beruf anzufangen, der seinem Wesen nach jung ist, jung sein muß – und dies bis ins hohe Alter.

Berggruen hatte vor dem Abitur Beiträge für die Kinderbeilage der »Grünen Post« des Hauses Ullstein und 1932, mit flotten achtzehn, Buchrezensionen für die »Jugendstunde« des Berliner Rundfunks geschrieben. In seinen Memoiren (»Hauptweg und Nebenwege«) glaubt er sich zu erinnern, daß er zunächst durch seinen Freund Hans Huffzky bei der Redaktion der »Frankfurter Zeitung« anfragen ließ, ob denn die Mitarbeit eines jüdischen Autors noch willkommen und möglich sei. Die Kollegen des einzigen deutschen Weltblattes signalisierten ein Ja, doch rieten sie ihm, seine Stücke nur mit Initialen zu zeichnen. Die »Frankfurter« konnte sich in der Tat selbst drei Jahre nach der »Machtergreifung« noch diese und jene kleinen Freiheiten leisten, die in den gleichgeschalteten Blättern keiner mehr riskiert hätte. In Wirklichkeit war die Mitgliedschaft in der »Reichspressekammer« unabdingbare Voraussetzung jeder publizistischen Tätigkeit – und die gab es nicht ohne den »Ariernachweis« und ein Treuebekenntnis zum nationalsozialistischen Staat und zu seinem »Führer«. Beides konnte und wollte Berggruen nicht vorlegen. Seine Mitarbeit bei der »Frankfurter Zeitung« streifte zumindest die Grenze des Illegalen, und sie war für die Redakteure ein Wagnis, das Respekt verlangt.

Beides schien dem jungen Mann nicht so recht deutlich zu sein. Oder? Die Chance, die sich ihm bot, bestärkte ihn in seinem optimistischen Glauben, »es werde alles nicht so schlimm werden, wie es manche Ereignisse anzudeuten schienen«, wie er in seinem Erinnerungsbuch schrieb. Er nahm nicht ernst, wie er an anderer Stelle jenes Berichtes gestand, »was in Deutschland politisch geschah«. Die Neigung, sich freundlichen Illusionen zu überlassen, teilte er mit seinen Eltern: grundbürgerlichen Leuten, die in Berlin-Wilmersdorf eine Schreibwarenhandlung unterhielten, Deutsche unter Deutschen, patriotisch, vermutlich liberal-konservativ gestimmt, der Tradition durch den Besuch der Synagoge an den beiden höchsten jüdischen Feiertagen ihre Reverenz erweisend – nicht anders als es so viele der christlichen Nachbarn hielten, die nur noch an Weihnachten und Ostern den Weg in die Kirche fanden.

Der Blick zurück mag die gegebene Lage und Berggruens eigene Empfindungen ein wenig umgefärbt haben. Nicht lange nach dem Beginn seiner Mitarbeit in der »Frankfurter Zeitung« begann er für die Wochen-»Zeitschrift des Centralvereins deutscher Staatsbürger jüdischen Glaubens«, die so genannte »CV-Zeitung« zu schreiben. Eines der ersten Stücke, datiert vom 17. Oktober 1935, war eine bewegende Betrachtung über die verwirrten Gefühle eines jungen Menschen, der zum ersten Mal seit langer Zeit wieder das Gotteshaus aufsucht. Warum wohl? Er hatte Mühe, das Gebetbuch zu finden, er kannte sich in den hebräischen Texten nicht mehr aus, hatte vergessen, was er im Religionsunterricht lernte, verstand nicht viel von der Sprache, die ihm fremd war: »Dies alles lag … außerhalb der Welt, in der du bislang Erfüllung suchtest. Was hatte sich geändert? Was trieb Dich in dieses Haus hier? Neue Gläubigkeit? Unsicherheit? Die Angst vor dem Morgen?« Dann das bittere Geständnis: »Wenn jetzt jemand aufgestanden wäre und hätte mit dem Finger auf dich gezeigt und geschrien: ›Werft ihn hinaus, diesen da, er kommt ja nicht zu uns als Bekenner, sondern als Fliehender …‹, dann wärest du stumm geblieben und hättest nur genickt …«

Er selber stand schließlich auf und ging, von einer unstillbaren Unruhe getrieben, fuhr hinaus zum Grunewaldsee, dachte an die Bücher, die zuhaus auf seinem Schreibtisch lagen, »die Briefe Rosenzweigs und die chassidischen Geschichten von Buber. Viele Schlagworte fielen dir ein: Jüdische Erneuerung, Geschichtsbewußtsein, Zionssehnsucht …« Schließlich begriff er, daß er »noch einmal von vorn anfangen« müsse, »lernen, von den einfachen, den allereinfachsten Dingen an«. »Geh in die Lehrhäuser«, rief er sich zu, »noch ist es Zeit, geh zum Oneg Schabbat (dem Vorabend-Gottesdienst)! Wie viele, die du dort treffen wirst, sind in deiner Lage. Sie alle haben die Ereignisse aus der Bahn geschleudert! Sie alle fangen ein neues Leben nach innen an. Ja, nach innen! … Es geht darum, die innere Leere auszufüllen, die du am Feiertag in der Synagoge spürtest.«

Das aber heißt: die Feindseligkeit der Umwelt war – auch im bürgerlich-toleranten Wilmersdorf – stark genug, den jungen Mann zur Rückbesinnung auf sein Judentum zu zwingen. Zehn oder zwölf Jahre später sagte Jean-Paul Sartre: »Jude ist, wer als Jude verfolgt wird.«

In der Sammlung »Spielverderber« steht eine kleine Betrachtung, die auf eine Glosse weist, die Berggruen mehr als ein halbes Jahrhundert zuvor unter dem gleichen Titel »Die Leuchte« in der CV-Zeitung publiziert hatte: die Schilderung der Abreise eines Freundes, der nach Südafrika emigrierte. »Werde eine Leuchte!« rief die Mutter ihrem Sohn nach, als sich der Zug in Bewegung setzte: der sehnlichste Wunsch für ihr Kind, das sie vielleicht niemals wieder sehen würde, eine Forderung zugleich, ja eine Verpflichtung.

Die Redewendung von der »Leuchte« ist schon lange aus der Mode gekommen. Kaum jemandem fiele noch ein, die Hochbegabten, die Hochgebildeten, die Hochgelehrten »Leuchten« zu nennen, und nur wenigen mag bewußt sein, daß die Überhöhung des Begriffes aus der Bibel stammt, in der von der »Leuchte des Herrn« gesagt wird, daß sie »des Menschen Odem« sei (Sprüche Salomonis). »Sei eine Leuchte vor dem Herrn!«, sagte man auch im protestantischen Pfarrhaus, manchmal mit einem Hauch von Ironie. Vielleicht, vielleicht gerät diesem und jenem sogar der Heine-Vers auf die Zunge: »Ja, er ward ein großer Dichter, / Stern und Fackel seiner Zeit, / seines Volkes Licht und Leuchte.«

In der Reminiszenz an die frühe Betrachtung weist Heinz Berggruen darauf hin, daß die Eltern in »›gut situierten‹ bürgerlich-jüdischen Familien« von ihren Kindern stets erwartet haben, daß sie etwas »Besonderes« würden, »entweder Ärzte oder Anwälte oder Professoren, in jedem Fall Akademiker«. »›Was willst du werden‹«, habe seine Mutter gefragt, »›Journalist? …

Das ist nichts Rechtes‹. Und nach einer Pause: ›Es sei denn, du wirst Chefredakteur oder Herausgeber oder beides‹«.

Die Glosse in der CV-Zeitung werde seiner Mutter gefallen haben, meinte der alte Herr. Das ist nicht ausgemacht. Denn im Original vom Mai 1936 schrieb Berggruen: »Es ist, wie die meisten inzwischen erkennen lernten, wichtiger geworden, daß sich einer in die Gemeinschaft einfügt, als daß er, von allzu ehrgeizigen Angehörigen aufgestachelt, aus dem Rahmen fällt, um statt des vermeintlichen ›Ruhmes‹ nur Verstimmung und Mißgunst hervorzurufen«. Er wolle gewiß für keinen »Nivellierungsprozeß« plädieren, doch es mute »geradezu als ein Zeichen von Lebensunerfahrenheit an, zu glauben, den Lebenskampf dann bestehen zu können, wenn man, statt den Versuch zu unternehmen, sich in einem gegebenen Wirkungskreis in aller Solidität und Stetigkeit zu bewähren, die fremde Welt als ›Leuchte‹, somit durch aufdringliches Zur-Schau-stellen seiner Person zu erobern.« Von jedem, der als Fremder in ein neues Land komme, werde »als erste und entscheidende Eigenschaft« verlangt: »Takt, Zurückhaltung, und immer wieder Maß-halten-können«.

Es ist nicht sicher, daß sich Berggruens Mutter über dieses pädagogische Traktat des Sohnes gefreut hat, da sie tief davon überzeugt war, daß ihr Heinz dazu vorbestimmt sei, »auch eine Leuchte zu werden«. Die Glosse freilich demonstriert, daß der junge Autor nicht nur aus der Erfahrungen seiner Frankreich-Jahre einige kluge Schlüsse gezogen, sondern sich längst angewöhnt hatte, die Umwelt mit geschärften Sinnen nach lauernden Gefahren abzusuchen. Das zeigen die Themen, die er in den Aufsätzen für die CV-Zeitung abhandelte, deutlich genug an. In einer Analyse der Schriften des Historikers Philon über die Juden im antiken Alexandria, die von organisierten Massakern mit »allen Merkmalen späterer Pogrome« heimgesucht wurden, gelangte er zu dem Schluß, des (jüdischen) Chronisten Philons Schrift sei »vor allem interessant«, weil er sich einer Illusion überlassen habe, »die inzwischen – ohne daß wir uns dessen vielleicht stets so bewußt waren wie in der gegenwärtigen Stunde – durch immer neue Vorgänge im Lauf der jüdischen Geschichte widerlegt wurde: daß nämlich eine Diaspora-Problematik nicht bestünde und jede judenfeindliche Aktion unabhängig von weltanschaulicher Einstellung sei und auf einer Verkettung äußerer Umstände beruhe, bei der das Judenproblem ... weder offenbar noch versteckt irgendeine Rolle spiele«.

Diese – ein wenig vertrackte und dennoch eindeutige – Warnung wurde knapp drei Jahre vor dem großen Pogrom der so genannten »Reichskristallnacht« geschrieben. Zuvor schon hatte Berggruen mit unaufdringlichem Scharfsinn über eine Untersuchung der »Nationalsozialistischen Monatshefte« referiert, in der sich der Parteigenosse Dr. Joachim Mrugowsky mit den »Kriegsbriefen gefallener deutscher Juden« befaßte, die übrigens mit einem Grußwort des Reichspräsidenten und Generalfeldmarschalls von Hindenburg (»Meine lieben jüdischen Kameraden!«) eingeleitet wurden. Zwar versagte der Verfasser den Gefallenen seine Achtung nicht, aber er akzeptierte die Zeugnisse ihrer patriotischen Opferbereitschaft auch nicht als Beweis, daß es »also doch ›deutsche Juden‹« gebe. Der Vergleich mit den »Kriegsbriefen gefallener Studenten« demonstriere vielmehr, daß »eine tiefe, unüberwindbare Kluft zwischen Deutschtum und Judentum, zwischen deutscher und jüdischer Denkungsart und Grundhaltung« existiere. Die Juden zum Beispiel »zergliedern und analysieren« ihre freiwillige Meldung zum Kriegsdienst »rein verstandesmäßig« – »dem Deutschen sei das fremd«. Während für die Deutschen ihr »Volk im Mittelpunkt alles Denkens und Fühlens stehe, spiele für den jüdischen Kriegsteilnehmer ›die Menschheit eine umso größere Rolle‹«: »Dort Individualismus – hier stärkster Einsatzwille für die Gesamtheit des eigenen Volkes«. Obschon der Dr. Mrugowsky in seinem »Beitrag zur Rassenseelenforschung« die Briefe der gefallenen Juden als ein »erschütterndes Dokument« anerkannte, zeigten sie ihm zuletzt doch nur die Unterschiede der »Rassenseelen« an. Mrugowski leitete später das so genannte Hygiene-Institut der Waffen-SS in Berlin Zehlendorf. Er wurde im Nürnberger Ärzteprozeß im August 1947 zum Tode verurteilt und wenig später gehängt.

Auch dieses Referat durfte man als eine leise Warnung verstehen. Seht Euch vor, sagte das ungeschriebene Nachwort: auch das Eiserne Kreuz an Euren Gehröcken wird Euch nicht helfen – die National-Rassisten wollen Euren Patriotismus nicht. Eindringlicher noch mahnten jene Berichte Berggruens zur Wachsamkeit, in denen er die Vorlesungen Dr. Ismar Freunds (in der »Lehranstalt für die Wissenschaft des Judentums«) über die »Kämpfe um die Emanzipation nach der Proklamierung des preußischen Ediktes (zur bürgerlichen Gleichstellung der Juden) am 11. März 1812« präsentierte. Nüchtern stellte der Historiker fest, daß der Prozeß der Befreiung damals kein positives Echo im Volke fand. Vielmehr habe sich vor allem die Furcht vor wirtschaftlicher Konkurrenz geregt. Überdies lehre die Geschichte, daß ein »siegreich beendeter Krieg oft chauvinistische Wellen« auslöse. In der Übersteigerung des nationalen Eigenbewußtseins … (sei) auch in Deutschland nach den Freiheitskriegen alles Fremde bewußt abgelehnt« worden. In einer Tirade des Hasses ereiferte sich zum Beispiel der Berliner Geschichtsprofessor Friedrich Rühs, daß der »Charakter der Juden … zum Teil durch die Religion, zum Teil durch ungünstige erbmäßige Anlagen bedingt sei«.

Das heißt: blanker Rassismus, schon damals. Rühs wollte den Juden das Bürgerrecht verwehrt, wollte sie vom Heeresdienst ausgeschlossen, wollte sie »durch eine Art Judenschleife« kenntlich gemacht sehen. Sein Heidelberger Kollege Jacob Friedrich Fries, der über theologische und philosophische Fragen lehrte und schrieb, unterschied zwischen Juden und der »Judenschaft«, die als »wirtschaftlich-soziale Erscheinung … eine Völkerkrankheit« sei, »ohne deren Ausrottung keine Lösung der Judenfrage möglich« würde. Der gelehrte Herr forderte »polizeilich-bürgerliche Maßnahmen«, um »durch Verbot der Zuwanderung, Beschränkung der Heiraten u.ä. die Zahl der Juden zu vermindern«. Jedes »Dienstverhältnis zwischen Juden und Christen sei … zu untersagen … Jüdische Kinder sollten nur in christliche Schulen geschickt werden, Rabbiner und Religionslehrer müssten … dem Talmud abschwören«. Wenn »die Juden ihr Judentum nicht aufgeben« wollten, dann »müßten sie aus dem Lande getrieben werden«.

Der historische Bericht erwies sich als Prophetie aus der Retrospektive. Berggruen, der Feuilletonist, wurde – ohne es recht zu wissen, vielleicht sogar ohne es wahrhaben zu wollen – zum Künder des drohenden Verhängnisses. Seine Chroniken zeigen mit erschreckender Präzision, wie alt der deutsche Rassen-Antisemitismus und wie tief eingewurzelt er war. Die Nazis brauchten kein einziges Stereotyp zu erfinden: es war alles schon vorhanden. Nur die kalte Konsequenz und die industrielle Technik ihres Vernichtungswillens waren neu. Die Texte Berggruens, die in diesem Bändchen wieder ans Taglicht treten, sind für die Kenntnis der mentalen Entwicklung der deutschen Juden in den ersten Jahren der nazistischen Diktatur unentbehrlich.

Doch aufatmend entdecken wir auch, daß sich der junge Schreiber von Zeit zu Zeit aus dem Bann der nazistischen Bedrückung zu lösen vermochte: zum Beispiel in seiner gründlichen und sensiblen Präsentation des Romans von André Fraigneau »Der Unwiderstehliche«, der bei S. Fischer (es gab den Verlag noch) erschienen war. Das Buch bot dem jungen Rezensenten den schönsten Anlaß, seinen Lesern zu zeigen, daß er die Studien in Grenoble und Toulouse zu nutzen wußte, um weit in die Räume der französischen Literatur des 18., des 19. Jahrhunderts und der Moderne vorzudringen. Interessant und der Prüfung wert seine These, der »Bekenntnisroman« von Jean-Jacques Rousseau und Benjamin Constant bis zu André Gide entspreche dem deutschen Entwicklungsroman. Und mit welchem Vergnügen sagte er lauthals, was kein nichtjüdischer Deutscher damals auszusprechen gewagt hätte: daß der »Halbjude Marcel Proust« beträchtlichen Einfluß auf das Werk des (heute vergessenen) Autors Fraigneau ausgeübt habe und daß eine wichtige Figur des Buches, der »junge Pole Rolf« manche Züge berge, »die eine sehr deutliche Beziehung zu denen des jüdischen Menschen aufweisen«.

Es gibt Anlaß zu der Vermutung, daß die CV-Zeitung – das Blatt hatte 1935 noch eine Auflage von etwa vierzigtausend Exemplaren – auch von so genannten »Ariern« gekauft, voller Neugier und mit Genuß gelesen wurde, da die Mitarbeiter jenes Blattes mit einer gewissen Freiheit über tabuisierte Themen schreiben konnten. Es hatte seine Gründe, daß eine Anordnung (des Reichspropaganda-Ministeriums) vom 6. September 1935 das« öffentliche Anbieten« von jüdischen Zeitungen und Zeitschriften untersagte. Dennoch, Heinz Berggruen spürte, daß die Freiheiten von Tag zu Tag gemindert, die Bewegungsräume eingeengt, die Qualität des Daseins mit System zerschlissen wurden. Er entschloß sich zur Auswanderung. Es gelang ihm, ein Stipendium für ein Studienjahr an der Universität von Berkeley in Kalifornien zu gewinnen und sich damit das begehrte Visum zu verschaffen. Von drüben schickte er noch einige Berichte an die CV-Zeitung, in denen er behutsam auf die Probleme der Auswanderung und der Integration aufmerksam machte.

Ihm selber wurde die Gewöhnung an den »American way of life« nicht leicht. Kalifornien machte ihm – gerade durch seine entspannte LAID BACK-Mentalität, die HAPPY GO LUCKY-Gesinnung, den artifiziellen SHOWBIZ-Charakter der UPPER CLASS – die ohnedies mühselige Anpassung besonders schwer, obschon er Glück hatte, wie so oft in seinem Dasein: er heiratete eine vermögende junge Dame, fand rasch einen Job beim »San Francisco Chronicle« und hernach, dank seiner Kunstkritiken, beim Museum of Art. Einer seiner ersten Aufträge: die Vorbereitung einer Ausstellung der Werke des genialen Mexikaners Diego Rivera. Der Maler sagte es ihm in seinem krausen Französisch vorher: »Vous allez connaître ma femme, et tu vas tomber amoureux d'elle«.

Genau so kam es. Bei der ersten Begegnung verfiel der nach dem fernen Westen versprengte Europäer der rätselhaft schönen Frida Kahlo: Tochter eines jüdischen Deutschen und einer Indianerin. Erst später wurde er gewahr, daß sie überdies eine große Malerin war. Die beiden reisten, wenngleich in verschiedenen Zügen, nach New York, fielen einander im Hotel »Barbizon Plaza« in die Arme und ließen nicht voneinander ab, bis die eigenwillige Frau meinte, es sei an der Zeit, zu ihrem Diego zurückzukehren, der zur ehelichen Treue noch weniger begabt war als Frida. Auch Heinz Berggruen wurde zuhaus wieder in Gnaden aufgenommen. Selbst sein Arbeitsplatz war ihm freigehalten worden.

Im Jahre 2002 – längst war er wieder Bürger Berlins, einer der verehrten, gefeierten und geliebten Symbolfiguren des Weltstadtanspruchs, der sich immerhin auf sein Museum im Stülerbau und seine grandiose Sammlung der klassischen Moderne stützen darf –, mehr als sechzig Jahre nach der rauschenden Affäre mit der mexikanischen Malerin, wurde ihm das überraschende Vergnügen zuteil, der Schauspielerin Salma Hayek den Goldenen Bären der Filmfestspiele für ihre kongeniale Darstellung der Frida Kahlo überreichen zu dürfen. Diskrete Zeugen wollen beobachtet haben, daß der (vermeintlich) alte Herr alle Register seines beträchtlichen Charmes zog und die Erinnerung an die schönste und passionierteste Eskapade seiner erotischen Karriere durch einen veritablen Flirt mit dem strahlenden Star belebte. THEY GOT ON LIKE A HOUSE ON FIRE, sagt man im Amerikanischen. Aufs Schönste schloß sich einer der Kreise eines Lebens, das man insgesamt ein Wunder nennen könnte. Andere seiner Kreise mögen ein bißchen Zeit brauchen, um sich zu vollenden. Aber mit neunzig ist Heinz Berggruen noch jung.

Bahnhofsgedanken

Einfahrt

Trat ein Fremder zu einem Berliner und sagte: »Sie sind doch Berliner, Sie wissen also Bescheid. Berlin – sagen Sie mal, wo finde ich das? Am Bahnhof Zoo? Am Anhalter Bahnhof? Am Bahnhof Friedrichstraße? Am Stettiner Bahnhof?« Da sah ihn der Berliner eine Weile kopfschüttelnd an, dann sagte er: »Wat wollnse – wat? Ick vaschteh ümma nur Bahnhof, ejalweg Bahnhof!«

I Anhalter Bahnhof

Als Kinder glaubten wir, der Anhalter Bahnhof heiße Anhalter Bahnhof, weil die Züge dort anhalten. Inzwischen haben wir Geographie-Stunde gehabt.

Wenn man aus der Halle heraustritt, sieht man links das beklemmend moderne Europa-Haus. Wie ein Zeigefinger reckt es sich in den Himmel, als wollte es sagen: »Hör mal zu: Berlin ist nämlich eine Weltstadt!«

Viele Berliner haben das ganze Jahr hindurch tiefe Sehnsucht nach dem häßlich-klobigen Bahnhof mit den großen romanischen Fenstern am Askanischen Platz. Es klingt von diesem Gebäude der Lockruf der Ferne. Wenn man die Treppen zu den Bahnsteigen hinaufgeht, überkommt einen das Gefühl der Fremde, man ist schon nicht mehr in Berlin – München, die Schweiz, Italien, der ganze Süden zieht einen die grauen Stufen empor.

Der Anhalter Bahnhof ist nicht so exklusiv wie der Bahnhof Zoo. Nie wird man am Zoo im Juli ältere Herren in Tiroler Höschen treffen. Der Anhalter ist ein romantischer Bahnhof, einer für Träumer, 10 Pfennige kostet die Bahnsteigkarte. Dafür kann man die ganze Zeit den Perron entlanglaufen und die großen Schlafwagen mit den heruntergelassenen Fensterläden bestaunen. Die Schilder mit den Namen ferner Stationen sind wie Ausweise für die, die dahinter schlafen.

Neulich stand einer einsam in dem Gewühl hastender, sich aufgeregt begrüßender und verabschiedender Menschen. Er las in einem Band, in dem Gedichte stehen könnten. Aber – scharf besehen – es war ein Kriminalroman, den der Boy am Perron ausrief. 80 Pfennig das Stück.

II Stettiner Bahnhof

Er ist wie eine große, dumpfe Scheune. Man kommt von dem Gefühl einer Trostlosigkeit nicht frei, wenn man ihn betritt. Er liegt nicht im Zentrum, sondern abseits am Rande, dort, wo die Stadt schon müde wird. Wie hat uns einmal ein Ankömmling gesagt: »Ein Bahnhof für Selbstmörder«. Doch das ist nur die eine Seite. Denn in dem trüben Glasberg geschieht alljährlich das Erfreulichste, was auf einem Bahnhof nur geschehen kann: Großstadtkinder fahren von hier in Sonderzügen, sozusagen in Tausenderpackung, in die Erholungsheime an die Ostsee.

Betritt man kurz nach Ferienbeginn den Stettiner Bahnhof, dann spürt man nichts mehr von seiner Dumpfheit, dann sieht man nur noch die leuchtenden Augen der blassen Kindergesichter, die sich eng aneinandergepreßt aus den Coupéfenstern beugen, um Vater und Mutter Lebewohl zuzurufen. Schmale Arme strekken sich aus, und Taschentücher flattern zwischen den Fingern, und sie winken, wenn es losgeht, winken, winken, bis die Menschen sich umgekehrt haben und der Zug auch davon ist.

III Bahnhof Friedrichstrasse

Bahnhof Friedrichstraße ist auch Stadtbahn-Bahnhof. Sicher der betriebsamste von allen. Neben Büroangestellten und aller Art Geschäftsleuten sieht man viel akademische Jugend. Die Universität ist fünf Minuten entfernt.

Vom Fernbahnsteig fahren die großen Ost-West-Züge in Richtung Warschau und Paris. Bahnhof Friedrichstraße ist kein Kopfbahnhof wie der Anhalter oder der Stettiner. Nach dem Perron: viel Ausländer. Wenig Frauen. Reiseschreibmaschinen, Aktentaschen. Strenge Gespräche. Nichts von der Romantik des Anhalter, nichts von der Aristokratie des Zoo – schneidende, nackte Sachlichkeit, geschäftlich-nüchterner Ernst – das ist Bahnhof Friedrichstraße. Man sieht selten Menschen mit Taschentüchern an den Zugfenstern. Es fliegen keine letzten, abgerissenen Worte aus den abfahrenden Zügen auf den Bahnsteig: »Bleib schön gesund … Schreib recht bald!« Es heißt: »… ich muß die Wechsel unbedingt bis morgen früh zur Unterschrift haben …«

Ein heller, sauberer Bahnhof. Wie das Empfangsbüro in einem chemischen Laboratorium.

IV Potsdamer Bahnhof

Die meisten Bahnhöfe werden interessant, wenn man in ihnen steht. Beim Potsdamer ist es umgekehrt. Er gehört zu der Kategorie von Bahnhöfen, in denen man Gähnkrämpfe bekommt. Reisefieber gibt es nicht. Die

Menschen laufen wie auf einem großen Platz, den man täglich überschreiten muß und den man mit geschlossenen Augen passieren kann, weil man ihn so genau kennt. Die Gepäckträger, die sich auf andern Bahnhöfen rudelweise auf uns stürzen, schleichen hier herum, als hätten sie sich verlaufen. Ein fader Bahnhof, denkt man, und geht hinaus, bis man plötzlich Berlin entdeckt. Rummelplatz Berlin, der sich um den Verkehrsturm dreht, bei rot, grün und gelb – und hat ein königliches Gefühl unter dem ziegelsteinernen Thron.

Es ist nicht das Berlin aus der Perspektive des Berliners. Das sieht ganz anders aus. Es ist das Berlin aus der Perspektive des Ankommenden, des Neulings, des »Provinzlers«. Potsdamer Platz mit Verkehrsturm drauf, rechts Haus Vaterland, Wertheim in der Ferne, Mauerwerk, das am Tage plump dasteht und am Abend sich reckt, wenn alle Lichter spielen. Die letzten Pferdedroschken klappern vor den Blumenfrauen, die Stadtplanverkäufer rufen ihre Litanei und unten drehen sich die Wagen. Man kann so stundenlang dastehen und stundenlang zusehen, will sich selber in die Ströme stürzen, – da fällt einem plötzlich ein, daß ja noch das Gepäck abzuholen ist. Und aller Spiegelglanz der Stadt entweicht vor einer seltsamen Bewegung, wenn man dem Gepäckmann das erste Trinkgeld zu zahlen hat.

V Bahnhof Zoo

Mein Lieber, wenn du etwas Apfelwein getrunken hast, rattata, rattata, rattata, und eine endlos lange D-Zug-Strecke fährst, rattata, rattata, rattata, dann kann dir der Bahnhof Zoo in einer Art Vision als Sinnbild menschlicher Zivilisation erscheinen.

Rattata.

Wenn du angelangt bist, brauchst du nur auszusteigen aus dem Zug, den Fahrdamm zu überschreiten, und schon stehst du vor dem Eingang des Zoologischen Gartens. Und wenn du in den letzten Jahren fleißig in den Zoo gegangen bist (und das lohnte sich, mein Lieber!), dann wirst du dich erinnern, daß mit jedem Jahr ein neues Käfiggitter heruntergerissen wurde, daß mit jedem Jahr die »wildenTiere« mehr Freiheit erhielten. Rattata, rattata, rattata. Und nur ein bißchen, ein kleines bißchen Illusionsfähigkeit brauchst du, um dir einzubilden, daß Elefanten und Strauße, Eisbären und Gorillas frei herumlaufen, denn – nicht wahr? – es ist ja kein Gitter mehr da. Nur noch ein schmaler Graben trennt dich von den Tieren, und wer, rattata, wollte dir glaubhaft machen, daß die Tiere nicht mit einem kleinen Sprung über den Graben setzen könnten?

Aber sie sind zivilisiert, mein Lieber, ja, das ist es, sie fühlen in ihren Elefanten- und Eisbärhirnen, daß 50 Meter entfernt der Nordexpreß vorbeisaust, und das flößt ihnen Respekt ein. Sie sind Europäer geworden, rattata, sie haben sich dem Klima angepaßt, das da oben auf dem Perron maßgebend ist. Wer wollte sie daran hindern, eines Nachts auszubrechen und heulend alles zu überrennen, das Eisengitter, das von der Straße trennt, die Omnibusse auf dem Fahrdamm und die berühmte Normaluhr unten am Eingang des Bahnhofs?! Wer wollte sie hindern, mit ihren Pranken in die Scheiben der Speisewagenfenster zu schlagen und brüllend alles niederzutrampeln?!

Aber sie rühren sich nicht. Rattata. Nur manchmal, manchmal neigen sie melancholisch die Köpfe und lauschen den Klängen der Zivilisation in dem Rädergerassel der großen Wagen.

Rattata, rattata, rattata.

Frankfurter Zeitung, 24. Juni 1935

Letzter Autobus

Eben klirrte noch aus der Ferne eine Straßenbahn. Jetzt ist es wieder ganz still. Die Jalousien sind heruntergelassen. Sie schließen dicht.

Schritte hallen, entfernen sich, und wieder Stille.

Die Uhr auf dem Nachttisch zeigt leuchtend dreiviertel eins: Zwölf gelbe Punkte im Kreis und zwei Zeiger im rechten Winkel zueinander stehend. Noch zwei Minuten. Dann kommen die vorletzten. Erst einer von rechts und kurz darauf einer von links. Und dann noch zehn Minuten. Und dann die letzten Helden. Und dann, dann endlich wirst du einschlafen können.

Sind die zwei Minuten schon um? Ja, es rauscht heran, wie Wellen auf weitem Meer, und jetzt kocht es näher, machtvoller, dröhnender, ein lautes Hallen, Brandung gegen Stehufer??? – vorbei. Das kam von rechts. Und jetzt links: Rauschen, Dröhnen, Hallen, Nachzittern in der Entfernung.

Die Augen gehen ins Dunkel. Sie möchten schlafen. Aber noch mußt du warten, zehn Minuten, neun nur noch, dann ist der letzte vorbei, dann ist endgültig Stille. Die gelbe Leuchte auf dem Nachttisch dreht sich weiter. Der Winkel der Zeiger verengt sich, als wollte er etwas zwischen seinen beiden Enden zerquetschen.

Zwölf Uhr einundfünfzig. Noch eine Minute. Erst rechts, dann links, paß auf.

Einundfünfzig, zweiundfünfzig, dreiundfünfzig, – da kommt der erste. Hörst du ihn poltern? Die Ruhe zerschneidend und doch beruhigend? Gleich wirst du schlafen können, gleich tost der andere vorbei, dann ist nur noch Nacht. Nacht für den Schlaf.

Du wartest. Du starrst das Leuchten an und zählst die zwölf Punkte im Kreis. Immer wieder, immer wieder. Wo bleibt denn nur der letzte? Jetzt müßte er doch kommen, müßte längst vorbei sein. Jeden Abend hast du ihn gehört. Noch nie hat er sich verspätet. Ja, zum Teufel, was soll denn das? Panne? Verkehrsunglück?

Du springst auf, zum Fenster, reißt die Jalousien hoch, lehnst dich hinaus in den kühlen Nachtwind, das Herz klopft und du zitterst vor Kälte. Ob du ihn überhört hast? Vielleicht schliefst du gerade eine halbe Minute? So müde bist du, so hundemüde. Leg dich doch hin, versuchs doch einmal ohne sein hämmerndes Schlaflied zwölf Uhr zweiundfünfzig. Geh! Die Nacht ist so kalt über den Schultern, geh, versuch's.

Da! Ein Funkeln in der Ferne, zwei Leuchtaugen, dumpfer gedeckter Lärm, nun schon näher, heller, tösender, ja, er ist's, da kommt er, der letzte, fest und schlank, metallen, krachend jagt er unterm Haus vorbei, krachend jagt die Jalousie herunter, du springst ins Bett, hüllst dich in die noch durchwärmten Decken, atmest tief und weißt: Jetzt wirst du schlafen im Frieden der Nacht.

Frankfurter Zeitung, 9. September 1935

Die kalten Winde

Der Wannsee geographisch

Jetzt, da der Herbst die kalten Winde den Tagen entblätterter Bäume und künstlich gewärmter Stuben zuträgt, scheint der Wannsee weiter hinaus ins Land gerückt. Eben noch lag er fast in der Stadt: Wochenend Berlins, von unzähligen Booten übersät. Nun ist er vereinsamt zwischen Kiefern und Laub, und der Weg hinaus dünkt weit und beschwert.

Das Strandbad

Noch ist das Strandbad nicht geschlossen. Aber die Autobusse vom Bahnhof Nikolassee sind sonntags nicht mehr überfüllt. An der Kasse braucht man nicht mehr Schlange zu stehen. Die Kontrolleure passen nicht mehr so scharf auf. Die Strandkorbvermieter haben ihre Körbe zusammengeschoben und spielen Skat.

Noch ist der Sand durchwärmt. Aber die Wärme, die er ausstrahlt, ist kühl, sie betäubt nicht mehr, sondern erschreckt. Die Menschen, die hinauskommen, sind kräftig gebräunt und kräftig gebaut. Die Sommerbadenden sitzen derweilen zu Hause hinterm Radio und hören Wetterbericht und Orchestermusik.

Schwimmen: nicht mehr Erholung von der Glut, Bindestrich zwischen zwei Sonnenbädern, sondern Probe der Körperfestigkeit und Bekenntnis zum Wasser als Element. Kein Taumeln mehr, sonnentrunken durch glitzernde Nässe, spielerisch, verloren, treibend; sondern so schwimmst du: federnd, ein Wikingerschiff, in strengen Stößen vorwärts, die Sehnen gespannt, fest dem Ziele zugewandt.

Es gibt weder Ruhe noch Entspannung, sondern nur Stählung und Training. Und die Männer, die sommersüber unermüdlich durch den kilometerlangen Sand wateten, um Eis zu verkaufen, handeln längst mit heissen Würstchen irgendwo in der Stadt.

Metaphysische Schauer

See und Gestade ohne Musik: kein Orgelton mehr aus einem Schifferklavier. Kein Tschingdara von einer Dampferkapelle. Wenige Boote schwimmen auf dem See. Alle sind sie still, denn jeder Ton wäre eine Herausforderung jetzt.

Wozu Musik? Sind nicht die Blätter, die der Wind zerknittert, sind nicht die Wellen, die die kalten Schaumköpfe tragen, Musik genug? Und wozu das Summen der Mundharmonika und das Gedudel des Akkordeons, die gut waren als Schrittmacher sommerlicher Betäubung? Es ist kein Raum für Kling und Klang. Der Herbst aber singt mit klirrenden Tönen. Zur Kälte hin, zur Starre! Es ist nicht Ruhe hier – aber Stille; in Erde, Wasser und Gestrüpp. Auch der harte Wind zwischen den Zweigen und über dem See, in den geblähten Segeln einsamer Boote – auch er ist: Stille.

Boote zu verkaufen!

An den Bootshäusern hängen neue Schilder: »Boote zu verkaufen!« Es sind die gepfändeten Boote derer, die die Sommermiete für den Stand nicht zahlen konnten. Aber wer kauft zum Winter ein Boot? Wer, wenn es kalt wird, im Januar oder Februar? Dann werden die Gläubiger die schadhaften Boote in Brennholz zerspalten. Ein Junge geht am beschneiten Steg entlang, denkt an glucksendes Wasser hinter dem Kiel und Lachen im Boot. Jetzt prasseln die Planken im Ofen.

Dampferfahrt

Ein Dampfboot steuert über den See: von Kladow nach Beelitzhof. Es trägt: den Kapitän, den Gehilfen und drei Fahrgäste: ein junges Paar (gerade erst verlobt, etwas anderes ist ausgeschlossen) und eine junge Dame, die nicht dazugehört.

Der Kapitän denkt: Kein Geschäft das Ganze!

Das junge Paar denkt (beide zugleich): Wie schön so ein Sonntag auf dem Wasser! Und wie wenig Menschen!

Die Dame denkt: Dampferpartien im Herbst sind nicht mehr schicklich. Das war die letzte.

Der Gehilfe denkt gar nicht.

Jetzt hält das Boot an der Zwischenstation: Strandbad Wannsee. Der Gehilfe, der überhaupt nicht denkt, bindet das Boot fest, obwohl keiner aus- und keiner zusteigt. Dann bindet er es wieder los.

Nun fährt das Schiff.

Der Kapitän denkt: Kein Geschäft das Ganze!

Das junge Paar denkt (beide zugleich): Wir werden in Beelitzhof Kaffee trinken.

Die Dame denkt: Ich will mir zum nächsten Sonntag einen billigen Platz für die Philharmonie besorgen.

Der Gehilfe denkt gar nicht.

Beelitzhof. Alles aussteigen!

Die Dame steigt aus.

Das junge Paar steigt aus (beide zugleich).

Der Kapitän wartet auf Fahrgäste. (Denkt wie oben.)

Der Gehilfe spuckt still ins Wasser. (Denkt wie oben.)

Frankfurter Zeitung, 16. September 1935

Einweihung einer Fernsprechzelle

Eine nichtgehaltene Ansprache

Meine Damen und Herren!
Wir haben Pech mit dem Wetter. Es ist abscheulich. Um so erfreulicher, daß Sie trotzdem zu der Einweihung unserer neuen Fernsprechzelle Düsseldorfer Ecke Brandenburgische Straße erschienen sind. Werden Sie jedenfalls nicht ungeduldig, meine Damen – ich erbitte Ihre geneigte Aufmerksamkeit nach unserem Motto: »*Fasse dich kurz!*«

Ja, meine Damen und Herren, es ist außerordentlich erfreulich, daß in den letzten zwei Wochen so viele neue Telephonzellen in Berlin errichtet wurden. War es nicht dringend notwendig? Sehen Sie, nun brauchen Sie Ihre Gespräche nicht mehr in Bierlokalen und Zigarrenläden zu führen, wo alle Leute mitanhören, was Sie reden. Unsere neuen Zellen, auch diese hier, stehen Ihnen zur unbeschränkten Benutzung Tag und Nacht zur Verfügung. Bedienen Sie sich, Sie sind herzlich eingeladen!

Meine Damen und Herren, fassen wir uns kurz. Keine graue Theorie bei so grauem Himmel. Ich will daher auch darauf verzichten, die psychologischen Ursachen der nun bald sprichwörtlich gewordenen Leidenschaft des Berliners für das Telephonieren zu untersuchen. Kommen wir endlich – Sie werfen mir so vorwurfsvolle Blicke zu, meine Herren –, kommen wir also endlich zum eigentlichen Gegenstand unserer Inauguration: der Fernsprechzelle.

Es wird Ihnen nicht entgangen sein, daß sie sich auch bei noch so sorgfältiger Betrachtung durch nichts, absolut nichts von denen unterscheidet, die an anderen Straßenecken aufgestellt sind. Die gleiche Form, die gleichen undurchsichtigen Glasscheiben, das gleiche feuerrot gelackte Metall. Alles, was ins Persönliche, ins Private gehen könnte, ist sorgfältig vermieden.

Ich weiß nicht, meine Damen und Herren, ob Sie schon einmal nachts, sehr spät nachts, durch die Straßen geirrt sind. Ich weiß nicht, ob Sie da auf die Idee kamen, schutzsuchend die Tür einer Fernsprechzelle aufzureißen und dort Ihre Zuflucht zu suchen. Ich meine, das kann vorkommen. Wie dem auch sei, eins werden Sie jedenfalls gespürt haben, meine Damen und Herren: es gibt keine Telephonzellen der Zuflucht. Das Metall der Wände ist kalt, die Namen im aufgeschlagenen Telephonbuch sind fremd. Packt Sie da die Wut? Ja, meine Damen und Herren, es packt Sie die Wut. Dann werfen Sie einen Groschen in den Apparat und drehen wahllos irgendwelche Zahlen auf der Nummernscheibe. Es tutet mehrere Male dumpf, und dann meldet sich endlich eine müde Stimme und sagt: »Mustopf«. Da hängen Sie beschämt den Hörer ein, die Wut ist verraucht, Sie lächeln gerührt vor sich hin. Still verlassen Sie die Zelle, still laufen Sie die Straßen entlang. Einmal leuchtet Ihnen aus der Ferne fahl der rote Glanz einer anderen Telephonzelle entgegen. Sie biegen rasch in eine Nebenstraße ein. Manchmal bleiben Sie stehen, schauen zu den Häusern hinauf und überlegen, ob wohl die Menschen hinter den Fenstern da oben Mustopf heißen.

Verzeihen Sie diesen kleinen lyrischen Ausflug, ich sehe, Sie runzeln die Stirn, meine Damen. Keine romantischen Abstecher, die Zeit ist knapp. Ja, die Zeit ist immer knapp, wenn das Wichtige kommt. Ich weiß nicht genau, ob dieser Satz stimmt, aber ich spreche aus dem Stegreif, da müssen Sie schon manches entschuldigen. Ach Gott, es regnet ja in Strömen, ich werde mich noch kürzer fassen.

Sehen Sie, dies wollte ich noch sagen: die Telephonzelle, die wir hier einweihen, ist wie jede andere, Gemeingut, und ihre Benutzung ist jedermann gestattet. Minderjährige und Greise dürfen sie betreten, Herrschsüchtige und weltabgewandte Melancholiker, aber bitte: *nur zum Telephonieren!* Ich kannte einen, der pflegte, über das Brett mit dem Telephonbuch gebeugt, seine ganze Korrespondenz in der Fernsprechzelle zu erledigen. Er sagte, daß er nirgends so gute Briefe schreiben könnte, und zwei andere, denen er es einredete, machten es ihm nach und behaupteten hinterher dasselbe.

Eine Ausnahme, meinen Sie? Es gibt so sehr viele Ausnahmen. Ich öffnete eine Zelle am Potsdamer Platz, da stand ein Mann drin, der sah mich mit weit aufgerissenen Augen angsterfüllt an und sagte erregt: »Lassen Sie mich doch endlich mal allein – laufen Sie mir nicht dauernd nach!« Ich schloß sanft die Tür. Ja also, das gibt es. Ganz zu schweigen von den sympathischen Leuten, die eine Telephonzelle aufsuchen, um sich die Schuhe zuzuschnüren oder die Krawatte neuzubinden.

Ich sehe, meine Damen und Herren, Sie werden ungeduldig. Wie spät ist es denn überhaupt? Schon viertel nach elf? Um Gottes willen, da muß ich ja Schluß machen. Sie werden entschuldigen, aber ein dringendes Telephongespräch ... hat zufällig einer der Herren ein Zehnpfennigstück bei sich? Ich sehe eben, daß ich nur großes Geld bei mir habe. Zu freundlich, besten Dank, mein Herr, und Bleibtreu ist doch J 6, nicht wahr?

Leben Sie wohl, meine Damen und Herren, es war außerordentlich nett von Ihnen, das nächste Mal werde ich mich kürzer fassen. Wie war doch nur die Nummer? Ja, richtig: J 6 1327, wenn bloß nicht besetzt ist. Also nochmals: herzlichsten Dank, meine Damen und Herren. – – J 6 1327!

Frankfurter Zeitung, 7. Oktober 1935

Fazit

Acht Tage sind es jetzt her. Du gingst über die Straße, ein Gebetbuch unter den Arm geklemmt, das du vor Jahren einmal zur Barmizwa geschenkt bekommen hast. Seither hast du es kaum einmal benutzt. Du mußtest erst eine Weile suchen, bis du es schließlich verstaubt im untersten Fach des Bücherschrankes fandest, zwischen einer lateinischen Grammatik und dem Biologiebuch aus der Quarta.

Du gingst in die Synagoge. Ein Mann mit schwarzem Käppchen wies dir einen Platz zwischen den Betenden an. Da standst du nun und schlugst, ein wenig beschämt, das Gebetbuch auf. Ja, ein wenig beschämt: du wußtest nämlich nicht, an welcher Stelle; das bißchen Hebräisch vom Religionsunterricht (was habt ihr doch immer den armen Dr. X. geärgert!) hast du inzwischen fast vergessen, wie solltest du dich da jetzt noch zurechtfinden! Aber ein Herr neben dir beugte sich schon zu dir vor und zeigte dir die richtige Stelle. Und du brauchtest nicht zu erröten, nein, wirklich nicht, er fand im Grunde nichts dabei und freute sich, dir diesen Dienst zu erweisen.

Und nun folgtest du den Gebeten. Es war nicht immer ganz einfach, manchmal kamst du nicht mehr mit und, wenn du ehrlich sein willst: Im Grunde hast du nicht viel verstanden. Die Sprache klang fremd, und der Sinn der Worte, selbst wenn du sie deutsch lasest, ging dir nicht auf. Du schlossest die Augen, und da vernahmst du das Rauschen der Orgel und die Stimmen des Chors und der Männer und Frauen, die der Andacht folgten. Doch durch alle Klänge hindurch spürtest du immer eindringlicher eine ungeheure Leere.

Dies alles, dachtest du, hast du vernachlässigt, versäumt, achtlos beiseite gelassen. Es lag abseits von den Dingen, die dich beschäftigten, außerhalb der Welt, in der du bislang Erfüllung suchtest. Was hatte sich geändert? Was trieb dich in dieses Haus hier? Neue Gläubigkeit? Unsicherheit? Die Angst vor dem Morgen?

Wenn jetzt jemand aufgestanden wäre und hätte mit dem Finger auf dich gezeigt und geschrien: »Werft ihn hinaus, diesen da, er kommt ja nicht zu uns als Bekenner, sondern als Fliehender, unser Haus ist ihm ja nicht Ziel, sondern nur Station«, – dann wärest du stumm geblieben und hättest nur genickt, denn du wüßtest keine Antwort.

Um dich her war es totenstill geworden. Keiner stand mehr im Raum, die Leute blickten von ihren Sitzen andächtig nach vorn, und da begann schon die Predigt: Erhebung und Trost, Ermahnung, Zuversicht. Von den Gesichtern der Menschen lösten sich für Augenblicke die Spuren des Alltags, die Zeichen zagender

Kleinmut und banger Verzweiflung. Du selber aber wurdest noch stärker von Unruhe erfaßt, plötzlich hieltest du es nicht mehr aus: mitten in der Andacht gingst du hinaus, zögernd und hastig zugleich, die Knie zitterten dir, – und dann liefst du planlos durch fremde Straßen, betäubt von allem und erfüllt von Sehnsucht nach Klärung.

Es war ein reiner wolkenloser Herbsttag. Eine Strassenbahn mit dem Schild »Hundekehle« über der Stirn fuhr an dir vorbei. Du sprangst auf und ließest dich hinausführen in die ruhigen Villenstraßen des Westens. Dann stiegst du aus und gingst hinunter zum Grunewaldsee, über den du als Junge Schlittschuh gelaufen warst. Die Nadelbäume standen gerade und streng, sie taten so, als sähen sie dich nicht. Du atmetest tief die würzig-herbe Luft, die sie ausströmten.

Auf deinem Schreibtisch zu Hause lagen die Briefe Rosenzweigs und die chassidischen Geschichten von Buber. Viele Schlagworte fielen dir ein: Jüdische Erneuerung, Geschichtsbewußtsein, Zionssehnsucht ... du sahst dich um, als ob da jemand stände, der dir Auskunft geben könnte. Aber See und Wald blieben stumm. Es war nicht wie im Märchen. Keine Erscheinung tauchte plötzlich kometenhaft vor dir auf und wies dir einen Weg. Von überall her strömte Einsamkeit und du begannst zu frösteln.

Ungewiß, wieviele Stunden du so verbrachtest. Der Hunger trieb dich schließlich in die Stadt zurück.

Die Leute in der Straßenbahn sprachen von belanglosen Dingen, und du machtest ein gleichgültiges Gesicht, damit keiner merkte, wie es in Wirklichkeit um dich stand.

Dann kamst du heim. Du legtest das Gebetbuch zu den Rosenzweig-Briefen und zu den Buber-Geschichten. Und langsam formte sich in dir die Erkenntnis, die dir heute, da du an diesen Tag zurückdenkst, zur Gewißheit geworden ist: Du mußt noch einmal von vorn anfangen, ganz von vorn, du mußt hingehen und lernen, von den einfachen, den allereinfachsten Dingen an, und dann, warte nur ruhig, dann werden sich aus den Dingen, die du wissensmäßig in dich aufzunehmen beginnst, neue Bilder formen, neue Vorstellungen, neue Inhalte.

Es mag eine lange Zeit dauern, gewiß, aber es muß sein. Dieser Tag neulich da unten am Grunewaldsee war das Fazit des Gestern. Es wird wieder ein Tag kommen, der dich zwingt, schonungslos die Bilanz zu ziehen. Sie darf dann nicht mehr so ausfallen, du gingest unerbittlich zugrunde dabei.

Eine Welt zerbrach dir, an die du dich, rührend in deiner Gutgläubigkeit, bis zuletzt in zäher Liebe klammertest. Geh, bau dir eine neue auf! Geh in die Lehrhäuser, noch ist es Zeit, geh zum Oneg Schabbat! Wieviele, die du dort treffen wirst, sind in deiner Lage. Sie alle haben die Ereignisse aus der Bahn geschleudert. Sie alle fangen ein neues Leben nach innen an. Ja, nach innen! Es geht ja nicht darum, irgend etwas neues »anzulernen«. Es geht darum, die innere Leere auszufüllen, die du am Feiertag in der Synagoge spürtest.

Kraft, Junge, reiß dich zusammen, im nächsten Jahr wirst du nicht mehr verstört aus dem Tempel laufen!

CV-Zeitung, 17. Oktober 1935

Neue Stadt

Die Rationalisierung feiert neue Triumphe: Seit einiger Zeit werden auf gewissen Straßenbahnlinien die Haltestellen nicht mehr vom Schaffner ausgerufen, sondern durch das Aufleuchten eines Schildes hinter dem Führerstand angezeigt. Die Stimme hat keinen Anspruch mehr im öffentlichen Getriebe, sie wird in die Schranken des Privaten zurückgedrängt.

In allen Straßen der Stadt sind *Automaten* aufgestellt: Fernsprechautomaten, Zigarettenautomaten, Schokoladenautomaten, Stadtbahnkartenautomaten. Du steckst eine Münze in den Schlitz, drückst auf den Metallknopf und erhältst den Gegenwert, den du erwartest. Jede Diskussion erübrigt sich: der Partner bleibt stumm. Kein »Danke schön!«, kein »Sonst noch was gefällig?« Du zahlst, nimmst die Ware und gehst deiner Wege.

Die Entwicklung ist unverkennbar: Es geht nicht um Modernisierung, und auch das Wort »Vereinfachung« ist unzulänglicher Ersatz für das, worum es sich in Wirklichkeit handelt: Durchführung strengster *Anonymität* als Schutz privater Gefühlsbetätigung. Wer immer noch meint, die Stadt ersticke das Gefühl und zwinge die Menschen zu vernunftbetontem Materialismus, der hat den Prozeß erzieherischer Umformung, den die Menschen der Stadt erfahren, nicht verstanden. An den Rasenplätzen und Blumenbeeten der städtischen Parks sind Schilder angebracht mit der Aufschrift: »*Bürger, schont eure Anlagen!*« Niemand käme auf den Gedanken, daß sich diese Aufforderung auf etwas anderes als auf die Grünflächen beziehe. Und doch ist sie das stille Motto, unter dem Einrichtungen wie der automatische Haltestellen-Anzeiger oder der Obstautomat auf der Straße geschaffen wurden: Schont eure Anlagen! Gefühl, Stimmung, Laune, – behaltet es für euch, spart es auf, verschwendet es nicht an Fahrgäste oder Obstverkäuferinnen.

Ein neuer Typ des Stadtmenschen bildet sich. Kleinliche Verzerrung sieht ihn als gehetztes, überreiztes, seelentotes Kollektivglied, namenlos genormt. In Wahrheit aber findet er zur Besinnung auf sich selbst. Das Gefühl zerreibt sich nicht mehr am äußeren Zusammenprall mit den Ereignissen des Alltags, es befreit sich von Zufallsschlacken und erhärtet. Kein billiger Individualismus mehr: passe-partout zu jedem Vorgang, sich überall und nirgends ausbreitend, sondern Eindämmen der Eigen-Art im Bereich letzter persönlicher Dinge. U-Bahn und Taxi, Verkehrsampel und Automatenrestaurant als Symbol und Symptom der Stadt: Nicht in der Absicht der Abstraktion des Lebens, sondern der Wegbahnung zu privater Bereicherung. Städtische Technisierung nicht als Ernüchterungsprozeß der Seele, sondern zum Zwecke ihrer Loslösung und Befreiung aus dem Rahmen von Alltags- und Zufallsvorgängen. Die Stadt verschenkt nichts. Aber sie fordert auch nichts mehr. Die Gefühle, die der Akkumulator der Seele aufgespeichert hat, braucht sie nicht mehr auf. Ihre Gebärden sind rücksichtsvoll geworden. Sie drängt sich nicht auf. Niemand braucht zu befürchten, er könne sein Ich verlieren. Die fortschreitende Mechanisierung wird verhindern, daß jemand auch nur einen Deut seines Ichs einbüßt.

Wer seine Seele retten will, der – fliehe in die Stadt. Ein großartiger Organismus ist da aufgezogen, um sie zu konservieren. Auf Eis gestellt zwar, aber in Sicherheit. Das Aufzucken der Lichter an den Dächern, das Vorbeizischen der Züge über den Stadtbahnbögen, das sinfonische Heulen der Autohupen und das Metallblinken der Brötchenautomaten: alles ist Mahnung und Forderung zur Intensivierung der Gefühle. Bürger, schont eure Anlagen!

Frankfurter Zeitung, 28. Oktober 1935

Berlin – im Schulaufsatz

SEXTA

Mein schönster Spielplatz

Wenn ich meine Schularbeiten gemacht habe, kommt mein Freund Franz und sagt: »Wir wollen jetzt spielen gehen.« Dann gehen wir auf den Hof. Auf die Straße dürfen wir nicht wegen der vielen Autos. Auf dem Hof fahren wir immer mit unsern Rollern. Nur ist der Hof nicht sehr groß. An allen Seiten sind Häusermauern. In dem einen Haus wohnen wir. Manchmal steht Mutter am Küchenfenster und ruft: »Macht doch nicht so viel Krach!« Wenn ein Leierkastenmann spielt, sehen immer alle zu. Bei Lehmanns stehen sie sieben Mann hoch auf dem Balkon. Aber die haben noch nie was runtergeschmissen. Neulich sagte Mutter, als ich abends nach oben kam: »Wie blaß du bist, Junge! Dabei warst du doch die ganze Zeit an der Luft.« Ich sagte: »Die Luft ist auch blaß, Mutter, guck mal raus.« Es fing nämlich gerade zu regnen an, und die Leute spannten die Schirme auf.

Quinta

Was willst du werden?

Früher wollte ich Konditor werden. Ich habe es mir überlegt. Soviel Kuchen kann man gar nicht essen, wie man gerne möchte. Aber ich habe schon einen neuen Beruf: Taxichauffeur am Anhalter Bahnhof. Da kann man nachts lange aufbleiben, wenn die andern Leute schon nach Hause schlafen gehn. Man sitzt in dicke Lederpolster zurückgelehnt und liest einen spannenden Kriminalroman, bis einer kommt und sagt: »Kaiserallee 28« oder »Schöneberger Ufer 7«; und dann saust man durch die Straßen und kriegt sogar hinterher noch was bezahlt dafür. Bei uns an der Ecke ist ein Taxihalteplatz. Da stehen vier Wagen. Die Chauffeure kenne ich ganz genau, wir sind dicke Freunde. Sie meinen zwar alle, ich soll lieber nicht Chauffeur werden, es bringt nichts ein, aber das ist mir egal. »Jeder muß selber am besten wissen, was er tut,« sagt Vater immer. Da muß ich ihm recht geben. Er will allerdings auch nicht, daß ich Chauffeur werde. Ich habe ihm gesagt, in Paris sind die Chauffeure sogar russische Großfürsten und werden mit »Excellenz« angeredet. Nächste Woche werde ich mir einen Stadtplan kaufen. Wenn man Taxichauffeur werden will, muß man nämlich jede Straße genau kennen, damit man nicht in Verlegenheit kommt. Sonst weiß ich nichts mehr über meinen späteren Beruf zu schreiben.

Quarta

Im Autobus

Ich fahre schrecklich gern Autobus. Viel lieber als Strassenbahn oder U-Bahn oder Stadtbahn. Die sind alle so langweilig. Autobusfahren ist wie Autofahren. Wenn man Glück hat, ist der Platz hinter dem Fahrer frei. Dann kann man zusehen, wie er sich überall mit dem großen Kasten durchwindet. Oder man steigt die Treppe hoch nach oben. Treppensteigen in voller Fahrt, möglichst noch, wenn's schuckelt, das macht mächtigen Spaß. Überhaupt das Schuckeln in den Kurven! Da fliegen die Leute immer von einer Ecke in die andere und treten sich gegenseitig aus Versehen auf die Füße. Ich trete auch immer. Am liebsten stehe ich neben dem Ausgang. Manchmal beuge ich mich weit raus, weil einem der Wind so schön ins Gesicht fährt, und außerdem kriegen die Leute mächtig Angst. »Der Kleine wird noch rausfallen,« sagen sie. Ich halte mich aber immer an der Stange fest, da kann nichts passieren. Ich war auch schon einmal dabei, wie sie einen Betrunkenen aus dem Wagen geschleppt haben. Schon als er einstieg, wunderte ich mich. Er suchte nämlich mit der Hand nach dem Griff und faßte dauernd daneben. Dann grüßte er mich und zog dabei den Hut. Das hat noch nie jemand vor mir getan. Die Leute sahen ihn alle erstaunt an. Der Schaffner hielt den Fahrscheinblock zum Abreißen bereit und fragte: »Bitte?« – »Einmal Pankow über Weißensee!« sagte der Mann. Dabei fiel sein Hut auf die Erde, und er bückte sich, um ihn aufzuheben. Aber da konnte er selber nicht mehr aufstehen. Er saß mitten vorm Ausgang und schrie immerfort: »Einmal Pankow über Weißensee!« Da drückte der Schaffner auf den Knopf, der Wagen hielt , und wir trugen ihn alle auf die Straße runter. Das war meine schönste Autobusfahrt.

Untertertia

Ferienbeschäftigung

Außer den Pfingstferien sind die Oktoberferien die kürzesten im ganzen Jahr. Aber sie dauern am allerlängsten. Man weiß nämlich nicht recht, was man machen soll. Man kann nicht schwimmen gehn, dazu ist es schon zu kalt, und bis die Eisbahn geöffnet wird, ist es auch noch lange hin. Mein Vater sagte mir: »Es ist so schöner Wind draußen, ich will mit dir einen Drachen bauen.« Ich lachte ihn aus. »Vater, das kann ich doch ganz allein. Paß mal auf, wie knorke meiner wird.« Und dann baute ich meinen Drachen. Im Papiergeschäft an der Ecke kaufte ich Drachenpapier und beim Tischler 3 Leisten, jede 3 Zentimeter breit, 5 Millimeter dick und 60 Zentimeter lang. Die nagelte ich in der Mitte übereinander, so daß die Winkel, die die halbierten Leisten miteinander bildeten, gleich groß waren, nämlich gleich 60 Grad. Nun brachte ich an allen Ecken Kerben an und spannte eine Schnur herum. An vier Enden, und zwar an je zwei gegenüberliegenden, bohrte ich Löcher ein, durch die ich später die Schnur für den Schwanz und für die Auftriebsschnur führte. Zuletzt kam die Papierbespannung. Das war einfach. Ich brauchte nur das Holzgestell auf mein Drachenpapier zu legen, aufzukleben und auszuschneiden. Schwieriger war das Anmachen der sogenannten Spannung. Durch die beiden unteren Löcher, die ich vorhin durch die Enden der Leisten gebohrt hatte, zog ich beidemal eine Schnur, die ich mit dem einen Ende am Leistenende verknotete. Die beiden Schnüre müssen genau gleich lang sein, und zwar etwas kürzer als die halben Leisten. Das ist deshalb sehr wichtig, damit der Schwanz später nicht schief hängt und den Drachen auf die eine Seite herunterzieht. Die beiden Schnüre verknotete ich nun miteinander, und am Knotenpunkt, der genau auf der Mittellinie …

Ich muß aufhören, es läutet schon. Es kommt jetzt auch nur noch das mit dem Schwanz, dann ist der Drachen fertig.

Obertertia

Die Fremden in Berlin

Berlin ist nicht nur die Hauptstadt Deutschlands, sondern auch die größte Stadt des europäischen Kontinents. So kommt es, daß in Berlin wie in jeder Weltstadt Menschen aus allen möglichen Ländern zusammenkommen. Man braucht nur durch die Hauptstraßen im Zentrum oder im Westen zu gehen, da hört man die verschiedensten fremden Sprachen. Auf den Terrassen der Cafés sitzen in dichtem Nebeneinander Japaner mit klugen Brillengesichtern, dunkelhäutige Argentinier, Franzosen, Engländer usw. Aber nicht nur die Ausländer, sondern auch die Leute aus der Provinz, die besuchsweise oder aus geschäftlichen Gründen nach Berlin kommen, muß man als Fremde bezeichnen. So wie den Ausländern kann man auch den Provinzler leicht erkennen. Bei ihm ist es kein anderer Gesichtsschnitt, der ihn als Fremden erkenntlich macht, sondern seine Kleidung und vor allem die Art, sich zu benehmen. Die meisten Menschen aus der Provinz sind nämlich nicht an den großstädtischen Betrieb gewöhnt, es geht ihnen alles zu schnell, und so kann man beobachten, daß sie sich entweder linkisch oder ungeschickt gebärden oder aber übertrieben gewandt. Der Fremdenverkehr ist für Berlin sowohl als Einnahmequelle wie auch aus Gründen des Ansehens in der Welt sehr wichtig. Deshalb müssen wir Berliner uns auch immer zuvorkommend, höflich und hilfsbereit den Fremden gegenüber erweisen.

Untersekunda

Geschichte Berlins bis zu Friedrich dem Großen

Berlin ist keine so alte und an geschichtlichen Erinnerungen reiche Stadt wie Paris oder London. Ursprünglich befanden sich an der Straße, die von Halle an der Saale nach der unteren Oder führte, zwei Teile: Berlin und Kölln. Nachdem sie um 1250 das Stadtrecht erhielten, waren sie im 14. und 15. Jahrhundert vorübergehend, und ab 1709 endgültig vereint. Seit Johann Cicero hielten die brandenburgischen Landesherren in Berlin ständig Hof. Im 16. Jahrhundert wurde die erste Schule gegründet, sie besteht noch heute und ist bekannt dafür, daß sie besonders schwer ist: das Gymnasium zum grauen Kloster. Der Dreißigjährige Krieg, der im ganzen Lande verheerend wirkte, brachte auch Berlin einen schweren wirtschaftlichen Rückschlag, und erst unter dem Großen Kurfürsten begann allmählich ein neuer Aufstieg. Noch heute erinnern viele französische Namen Berliner Familien an den damals erfolgten Zuzug flüchtender Protestanten aus Frankreich. Die Nachfolger des Großen Kurfürsten, König Friedrich I. und Friedrich Wilhelm I., sorgten durch Schaffung neuer Stadtteile und großartiger Bauten wie dem Zeughaus sowie durch unablässige Pflege geistiger Werte dafür, Berlin zu einer Stadt zu machen, die würdig war, unter Friedrich dem Großen Träger und Haupt preußischer und deutscher Art zu werden.

Obersekunda

Mein Bezirk

Ich bin geborener Berliner, und doch antworte ich gern auf die Frage, wo ich her bin: »Aus Wilmersdorf.«

Die ersten Jahre meines Lebens wußte ich überhaupt nichts von Berlin. Wilmersdorf war wirklich beinahe noch ein Dorf, – dort, wo jetzt Neubauten in langen Reihen stehen, waren weite, freie Plätze, und die Häuser bildeten eigentlich nur die Ausnahmen. Die Strassen waren teilweise noch nicht gepflastert, und von den städtischen Errungenschaften wie Kinos, Konditoreien usw. konnte man in Wilmersdorf nichts bemerken. Eine Fahrt in die »Stadt«, etwa zum Leipziger Platz, wo meine Mutter mir die Anzüge kaufte, bedeutete eine Reise wie nach Potsdam. Es war ein Ereignis, von dem schon drei Tage vorher ununterbrochen gesprochen wurde. Öfter als vier, fünf Mal kam es im ganzen Jahr nicht vor. Es bot sich kaum Gelegenheit. Unsere Verwandten wohnten sämtlich außerhalb Berlins, die Freunde im gleichen Bezirk. Erst als ich größer wurde und gelegentlich mal eine Besorgung mit meinem Vater zu machen hatte, häuften sich die »Reisen in die Stadt«. Aber deshalb empfand ich Berlin doch immer als etwas Fremdes. Meine eigentliche Heimat blieb Wilmersdorf. Hier kenne ich so ziemlich jedes Haus, jede Straße, jeden Platz. Im Preußenpark haben wir uns mit den Jungen aus der Nebenklasse herumgeprügelt, und auf dem Fehrbellinerplatz, wo alljährlich einmal Zirkus Krone seine Zelte aufstellte, sah ich zum ersten Mal Löwenbändiger, Seiltänzer und Jongleure.

Manche Bezirke in Berlin haben farblose Bezeichnungen. Sie heißen SW oder NO 56. Ich bin froh, daß unser Bezirk einen richtigen Ortsnamen hat: Wilmersdorf.

Unterprima

Das Verkehrsunglück. Versuch einer Zeitungsreportage

Ein schweres Verkehrsunglück, das sich in der vergangenen Nacht im Berliner Westen ereignete, forderte drei Todesopfer. Ein Taxi, in dem sich außer dem Chauffeur noch zwei Fahrgäste befanden, fuhr in mäßigem Tempo den Kurfürstendamm entlang, als plötzlich aus einer Nebenstraße in hoher Geschwindigkeit ein Privatwagen herankam. Der Taxichauffeur versuchte zu stoppen, aber zu spät – der Wagen geriet ins Schleudern und stieß mit voller Wucht auf das Privatauto. Zwei der Insassen des Taxi erlitten so schwere Verletzungen, daß der Tod auf der Stelle eintrat, der dritte wurde in bewußtlosem Zustand in das nächste Krankenhaus gebracht, wo er heute früh seinen Verletzungen erlag. Der Fahrer des Privatwagens, der sich allein in seinem Wagen befand, kam mit leichten Prellungen und Hautabschürfungen davon. Das Unfallkommando, das zur Klärung der Schuldfrage an Ort und Stelle eine Untersuchung einleitete, stellte fest, daß der Herrenfahrer erst vor wenigen Tagen seinen Führerschein erworben hatte. Wir müssen hier in aller Eindringlichkeit noch einmal an unsere Forderung erinnern, die wir schon wiederholt gestellt haben: Die Prüfung zur Erlangung des Führerscheins wesentlich gründlicher zu gestalten und im großen Ganzen zu verschärfen.

Wie uns kurz vor Redaktionsschluß von zuständiger Seite mitgeteilt wird, ist auf unsere Anregung hin soeben eine Kommission mit dem Auftrag gebildet worden, die Prüfungsordnung zur Erlangung des Führerscheins einer eingehenden Revision zu unterziehen.

Oberprima

Die Einflüsse der Stadt auf die Prägung des Menschen

Wenn ich über die Einflüsse der Stadt auf ihre Menschen nachdenke, muß ich an die Verse Rilkes aus dem »Stundenbuch« denken, in denen er die Städte als »Verlorene und Aufgelöste« bezeichnet und von ihren Menschen bemitleidend sagt, daß sie »schlecht und schwer leben« und nichts von der Erde wissen und von den Blumen draußen, die »zu einem Tag voll Weite, Glück und Wind« rufen. Immer wieder bedauern die Dichter die armen Städter, für die es keine lebendige Bindung an die Natur gibt und die statt des süßen Dufts der Mandelbäume benzingetränkte, sauerstoffarme Großstadtluft einzuatmen verdammt sind. Diese Dichter, die daraus folgern wollen, daß mit dem Prozeß der Naturentfremdung gleichzeitig eine innere Verarmung verknüpft ist, verkennen zu Unrecht die wesentlichen seelischen Einflüsse der Stadt. Ich meine damit nicht nur die kulturellen Einflüsse, die zwangsläufig von Bildungsstätten wie Theatern, Konzertsälen und Hochschulen aller Art auf die Menschen in der Großstadt ausgeübt werden. Ich meine damit vor allem die Einwirkungen, die von der Stadt als Ganzem in ihrer städtischen Einmaligkeit ausgehen. Die Städte sind eben gerade nicht »Verlorene und Aufgelöste«. Alles in ihnen, so will mir scheinen, widerstrebt bewußt den Gebilden der Auflösung, ihre Formen sind zweckbestimmt und immer mit dem Ziel der Straffung und Spannung der Kräfte gefügt. Dadurch, daß in der Stadt alles in der Absicht der Steigerung von Komfort, Hygiene, Geschwindigkeit und Arbeitsfähigkeit entsteht, werden auch die Menschen, die in ihren steinernen Rahmen gespannt sind, den Gesetzen des praktischen Denkens und der fachlichen Arbeit unterworfen. So können wir feststellen, daß die Einflüsse der Stadt auf die Prägung ihrer Menschen von hohem erzieherischem Wert sind.

Frankfurter Zeitung, 11. Oktober und 18. November 1935

Jüdisches Leben und jüdischer Geist

Erste Kämpfe um die Emanzipation nach 1812

Nachdem Dr. Ismar Freund in der Lehranstalt für die Wissenschaft des Judentums die Grundlagen der Emanzipation gekennzeichnet hatte, gab er ein anschauliches Bild von den ersten Kämpfen um die Emanzipation, die nach der Proklamierung des preußischen Edikts vom 11. März 1812 einsetzten. Mit gleicher, wenn nicht noch stärkerer Heftigkeit wie zuvor wurde das Emanzipationsproblem von neuem aufgerollt. Bei dem erneuten Ausbruch des Judenhasses nach 1812 müssen wir grundsätzlich zwischen tieferen Ursachen und äusseren Anlässen unterscheiden. Zweierlei tiefere Ursachen sind festzustellen.

Die Emanzipation bildet zunächst bis zu einem gewissen Grad eine Fiktion im luftleeren Raum. In der Auffassung der Judenfrage besteht ein starker Gegensatz zwischen der Staatsführung, die die Emanzipation deklariert, und der breiten Masse. Die Emanzipation, im Grunde aus politisch-theoretischen Erwägungen entstanden, findet keine Resonanz im Volke. Sowohl in der Mentalität wie auch im Äußeren bilden die Juden für das Volk ein fremdes Element. Hinzu kommt, daß durch die Emanzipation auch wirtschaftliche Antipathien geweckt werden. Durch das Edikt, das den Juden jegliche wirtschaftliche Betätigung gestattet, entsteht für den christlichen Teil der Bevölkerung eine neue und schwere Konkurrenz. In jedem Fall stellt die Gleichberechtigung der Juden, weil sie als Zwangsmaßnahme des Staates empfunden wird, eine schwere Belastungsprobe seelischer Art für das Volk dar.

Dieser Prozeß der gefühlsmäßigen Ablehnung der Emanzipation durch das Volk wird noch durch einen zweiten Faktor psychologischer Art verstärkt. Die Geschichte lehrt, daß ein siegreich beendeter Krieg oft chauvinistische Wellen auslöst. Um so stärker ist dies der Fall, wenn ein von Fremdherrschaft bedrücktes Volk seine Freiheit zurückerobert. In der Übersteigerung des nationalen Eigenbewußtseins wird so auch in Deutschland nach den Freiheitskriegen alles Fremde bewußt abgelehnt, das Mittelalter in all seinen Erscheinungen als deutscheste Epoche zum Zentralpunkt alles völkischen Denkens gemacht. Mit der romantischen Verklärung und Wiedererweckung des Mittelalters rückt die Idee des Christentums als dessen beherrschende Idee in den Mittelpunkt des Staates. Aus dieser Einstellung erklärt sich die grundsätzliche Ablehnung des Gedankens der Emanzipation und seiner Verwirklichung als etwas, was mit den Anschauungen christlich-mittelalterlichen Denkens unvereinbar ist.

Die äußeren Gründe für die Fortführung der Diskussionen um die Emanzipation sind zunächst in den allgemeinen deutschen Verhältnissen zu suchen. In vielen deutschen Bundesstaaten erfolgte die Emanzipation nicht allein unter Einwirkung der französischen Ideen, sondern unter unmittelbarem politischen Eingriff der französischen Macht. So wurde den Hansestädten Lübeck, Bremen und Hamburg wie auch Frankfurt a. M. die Emanzipation von außen aufgezwungen. Sowie aber der äußere Druck nachließ und die französischen Heere deutschen Boden verließen, setzte die Reaktion ein.

1814 wird in Lübeck der Antrag gestellt, die Juden aus den Ringmauern der Stadt zu vertreiben. Da tritt ein Mann auf den Plan, der christliche Rechtsgelehrte Karl August Buchholz, der sich mit aller Entschiedenheit in einer nach Erscheinen viel beachteten und diskutierten Schrift: »Über die Aufnahme der jüdischen Glaubensgenossen zum Bürgerrecht« für die Juden und den Emanzipationsgedanken einsetzt. Die Schrift Buchholz' bildet den Ausgangspunkt einer heftigen literarischen Fehde. Eine der ersten Folgen ist, daß die Juden der drei Hansestädte sich auf dem Wiener Kongreß durch Buchholz vertreten lassen. Hier veröffentlicht er eine zweite Broschüre, die etwa ähnliche Gedankengänge wie die erste enthält, »Aktenstücke, die Verbesserung des bürgerlichen Zustandes der Israeliten betreffend« betitelt.

Wenn auch auf dem Wiener Kongreß vor allem Hardenberg und Metternich erfolgreich für die Judenemanzipation intervenieren, gelingt es ihnen doch nicht, von Bundes wegen zwingend für alle Länder die Gleichberechtigung der Juden auszusprechen. Andererseits werden den Juden von Bundes wegen Rechte in den Ländern garantiert, in denen sie schon Rechte erlangt hatten. Doch eine verhängnisvolle Korrektur wird in die Akte eingeschmuggelt. Statt des Wörtchens »in« wird das Wort »von« gesetzt, so daß die Juden nicht mehr die Rechte behielten, die sie in den einzelnen Staaten, sondern von den einzelnen Staaten zugebilligt bekommen hatten. Da sie aber in den Hansestädten und in Frankfurt a. M. ihre Rechte von den Franzosen erhalten hatten, die Franzosen aber inzwischen nicht mehr auf die Regierung dieser Städte einen Einfluß ausüben, waren diese Rechte damit verlöscht.

Auswirkungen der Emanzipation in der Publizistik

Im Anschluß an seine Ausführungen über die ersten Kämpfe um die Emanzipation nach 1812, befaßte sich Dr. Ismar Freund an der Lehranstalt für die Wissenschaft des Judentums mit den wichtigsten judenfeindlichen und projüdischen Schriften, die in der Folgezeit erschienen. Die Hochschulen bilden den Ausgangspunkt der antijüdischen Bewegung. Der Professor für Geschichte an der Berliner Universität, Friedrich Rühs, eröffnet mit seiner Schrift »Über die Ansprüche der Juden auf das deutsche Bürgerrecht« den literarischen Feldzug gegen die Juden. In dieser Schrift, die eine vernichtende Kritik an den Juden darstellt, gibt Rühs zunächst zu, daß er weder die Juden persönlich kennt, noch – aus Unkenntnis der hebräischen Sprache – die Quellen des Judentums. Er wendet sich dann grundsätzlich gegen die Thesen des Vorkämpfers der Emanzipation, Christian Wilhelm Dohm. Im Gegensatz zu Dohm vertritt er die Auffassung, daß die Kraft eines

Volkes nicht von der Größe der Bevölkerung, sondern lediglich von dem Geist abhängig sei, der ein Volk belebe, und von der Stärke und Gleichheit der Gesinnung. Diese Anschauung wird für Rühs zum Ausgangspunkt der Behandlung der Judenfrage. Nur die sollen in die Volksgemeinschaft aufgenommen werden, die imstande sind, sich restlos mit ihr zu verschmelzen. Da aber eines der wesentlichsten Mittel, um ein Volk zu einer Gemeinschaft zu machen, die Religion sei, seien die Juden als Andersgläubige für eine Aufnahme nicht geeignet. Hinzu kommt, daß auch der Charakter der Juden, der zum Teil durch die Religion, zum Teil durch ungünstige erbmäßige Anlagen bedingt sei, ihre Verschmelzung mit dem deutschen Volkskörper unerwünscht erscheinen läßt.

Was, fragt nun Rühs, können die Juden berechtigterweise fordern, und was soll der Staat aus menschlicher Rücksicht für sie tun? Dem Reglement von 1750 entsprechend, durch das die Zahl der Schutzjuden festgesetzt war, soll der Zuzug von Juden nach Deutschland nicht mehr zugelassen werden. Als Stichjahr gibt Rühs 1806 an. Die in Deutschland ansässigen Juden dürften keinen Anspruch auf das Bürgerrecht haben, ebenfalls sollten sie nicht zum Heeresdienst und zu Ehrenämtern zugelassen werden. Rühs schlägt sogar vor, zur Kenntlichmachung der Juden eine Art »Judenschleife« einzuführen. Das Eigendasein der Juden müsse durch Einführung einer eigenen jüdischen Gerichtsbarkeit gefördert werden. Um die Juden von der einseitigen Beschäftigung mit dem Handel abzubringen, sollten sie zum Handwerk zugelassen werden – allerdings ohne Aufnahmerecht in die Zünfte. Weiter meint Rühs, daß alles getan werden müsse, um den Übertritt der Juden zum Christentum zu beschleunigen. In der Taufe sieht er die einzige Möglichkeit, die Juden ihre Eigentümlichkeit verlieren zu lassen. Das Missionswerk müsse neu organisiert, die Taufe zu etwas Begehrenswertem werden. U.a. empfiehlt Rühs die Einrichtung einer neuen Bekehrungsanstalt für die Juden in Berlin.

Der Schrift, die ungeheures Aufsehen erregte und die Veröffentlichung einer Flut von Entgegnungen, aber auch von weiteren judenfeindlichen Schriften zur Folge hatte, läßt Rühs eine zweite Arbeit: »Über die Rechte des Christentums und des deutschen Volkes« folgen, in der er noch einmal seinen Standpunkt verteidigt.

Das Erscheinen der ersten Schrift des Berliner Historikers veranlaßt den auf theologischem und philosophischem Gebiet sehr fruchtbaren Heidelberger Professor Jacob Friedrich Fries, eine Rezension dieser Schrift zu verfassen und damit zugleich seine eigenen Anschauungen über die Judenfrage zu äußern (J.F. Fries: »Über die Gefährdung des Wohlstands und des Charakters der Deutschen durch die Juden«).

Der Verfasser fragt zunächst, wie es käme, daß seit etwa 40 Jahren sich eine Reihe von Gelehrten zu Fürsprechern der Juden machen und sich dadurch in einen Gegensatz zur Empfindungswelt der breiten Masse stellen. Drei Gründe nennt Fries: 1. Es handelt sich zum Teil um Menschen, die sich durch persönliche Freundschaften mit Juden zu dieser grundsätzlichen Haltung verleiten lassen. 2. Es sind Kinder der rationalistischen Epoche, die von allgemeinen Ideen der Menschenliebe in einem von Humanität angekränkelten Zeitalter ausgingen. 3. Es sind schließlich Leute, die von reichen Juden materiell abhängig sind.

Verschiedene Mißverständnisse will darauf Fries aufklären. Die Annahme, man habe die Juden im Mittelalter besonders schlecht behandelt, sei Vorurteil und Aberglaube. Eines der größten Mißverständnisse bestände in der Verwechslung von Juden und Judenschaft. Die Judenschaft als wirtschaftlich-soziale Erscheinung bilde eine Völkerkrankheit, ohne deren Ausrottung keine Lösung der Judenfrage möglich sei. Im Gegensatz zu Rühs steht bei Fries die *christologische* Betrachtungsweise nicht im Mittelpunkt seiner Anschauungen. Der Staat habe sich in religiösen Dingen völlig neutral zu verhalten. Der Jude sei aber durch seine Eigenarten nicht genügend zum Vollbürger qualifiziert. Die Juden hätten keinen Anspruch auf Duldung oder gar Gleichberechtigung. Ihre durch den Talmud bestimmte Haltung sei asozial und staatsfeindlich. Bereits in der Bibel, vor allem in der Patriarchengeschichte, sieht Fries den talmudischen Geist der Trödler- und Handelskaste. Die besondere Gefahr der Judenschaft bestehe darin, daß sie über die ganze Welt zerstreut sei und überall ihren ungünstigen Einfluß ausübe.

Zum Schluß seiner Ausführungen richtet Fries verschiedene Forderungen an den Deutschen Bund. Es sollten polizeilich-bürgerliche Maßnahmen getroffen werden, um durch Verbot der Zuwanderung, Beschränkung der Heiraten u.ä. die Bevölkerungszahl der Juden zu vermindern. Die Juden sollten sich ferner – außer als Bauern – nicht mehr auf dem Lande ansiedeln dürfen, jegliches Dienstverhältnis zwischen Juden und Christen sei gleichfalls zu untersagen. Weiter macht

Fries Erziehungsvorschläge zur Umgestaltung des Charakters der Juden. Jüdische Kinder sollten nur in christliche Schulen geschickt werden, Rabbiner und Religionslehrer müßten sich einer Prüfung vor Christen unterziehen und dem Talmud abschwören. Als radikalstes Mittel schlägt Fries die Einführung des pharaonischen Prinzips vor. Sollten die Juden ihr Judentum nicht aufgeben, müßten sie aus dem Lande getrieben werden.

Die Fries'sche Schrift bezieht mit der Rezension der Arbeit von Rühs gleichfalls eine Stellungnahme zu der 1816 in Mainz anonym erschienenen Schrift: »Deutschlands Forderungen an den Deutschen Bund« ein. Diese Schrift enthält etwa ähnliche Gedankengänge wie die von Rühs. Dreizehn verschiedene Fragen werden in ihr behandelt, darunter an zweiter Stelle die Judenfrage. Nur in einem Punkte weicht der Verfasser in seiner Stellungnahme von Rühs ab. Er gibt zu, daß die Juden im Mittelalter ständigen Verfolgungen ausgesetzt waren. Zum Schluß seiner Schrift richtet er an den Deutschen Bund scharfe Forderungen betreffs Einschränkung der wirtschaftlichen Betätigung der Juden.

Wie verhält sich nun die Gegenseite zu den von Rühs, Fries und Gesinnungsgenossen aufgeworfenen Fragen? Eine der wichtigsten Publikationen in denen versucht wird, die Rechte der Juden von christlicher Seite zu verteidigen, ist die 1816 in Karlsruhe erschienene Schrift des Badenser Konsistorialrats Johann Ludwig Ewald: »Ideen über die nötige Organisation der Israeliten in christlichen Staaten«. Im Gegensatz zu Rühs und Fries sieht Ewald im Alten Testament und im Talmud keine Einflußquellen moralischer und sozialer Schäden, er erkennt im Gegenteil die hohen sittlichen Werte dieser Grundlagen der jüdischen Religion ohne Einschränkung an. In der falschen Behandlung der Juden durch den Staat sieht er den alleinigen Grund dafür, daß das Verhältnis zwischen Juden und Christen noch nicht vollauf befriedigend geworden ist. Daher macht er ausführliche praktische Vorschläge für die Um- und Ausgestaltung des Bildungs- und Erziehungswesens der Juden. Aus den christlichen Schulen, die die jüdischen Kinder besuchen sollten, solange es noch keine jüdischen gäbe, dürften keine verkappten Missionsanstalten gemacht werden. Die wichtigste Forderung Ewalds ist die bedingungsloser Gleichstellung der Juden in Rechten und Pflichten mit der christlichen Bevölkerung. Ein Erfolg der vorgeschlagenen Bildungsreform sei davon abhängig, daß die Juden durch das Gesetz die Möglichkeit erhalten, sich unter den gleichen Bedingungen auszuleben wie alle andern Bürger.

Die bedeutsamste Schrift von jüdischer Seite mit der Tendenz, die Argumente der judenfeindlichen Schriften zu entkräften, ist die der beiden Lehrer an der Herzoglichen Franzschule zu Dessau, J. Wolff und G. Salomon: »Der Charakter des Judentums nebst einer Beleuchtung der unlängst gegen die Juden von Professor Rühs und Fries erschienenen Schriften« (Leipzig 1817). Der vornehmste Zweck dieser Arbeit besteht darin, die Angriffe, die sich insbesondere gegen die jüdische Religion richten, mit aller Schärfe zurückzuweisen. In zwanzig Abschnitten wird ein Überblick über das Wesen des Judentums gegeben. Aus einer Fülle von Zitaten aus Bibel und Talmud ergibt sich eindeutig, daß die Forderungen und Gebote der jüdischen Glaubenslehre in allen Punkten den Forderungen und Geboten der allgemein-menschlichen Ethik entsprechen.

Vergleicht man die Diskussion, die mit solcher Heftigkeit um die Gleichberechtigung der Juden nach 1812 geführt wird, mit den literarischen Fehden vor der Einführung der Emanzipation, so erkennt man, daß im wesentlichen immer wieder die gleichen Argumente pro und contra vorgebracht werden. Der Unterschied liegt allein im Ziel: Vor 1812 ging es darum, die Judenemanzipation zu verhindern, nach der Verkündung des Edikts handelt es sich darum, sie wieder rückgängig zu machen.

CV-Zeitung, 5. Dezember 1935 und 30. Januar 1936

Die Juden von Alexandrien

Anmerkungen zu einem Buch

Im 5. Band seiner »Römischen Geschichte« stellt Mommsen dem Philosophen Philon das Zeugnis aus, er sei »mehr sanftmütigen als tapferen Herzens, der aber doch für die Seinen … getreulich eintrat«. Damit weist er auf die politische Rolle hin, die Philon eine Zeitlang im römischen Kaiserreich gespielt hat und die der jüdische Philosoph selber in einem ausführlichen historischen Bericht erwähnt. (Philon v. Alexandrien: »Von den Machterweisen Gottes«. Herausgegeben und übersetzt von Hans Lewy. Schocken Verlag, Berlin.) Dieser Bericht ist aus doppeltem Grunde für uns von besonderem Interesse. Es ist zunächst die ungewöhnlich dramatische, von innerer Spannung erfüllte, gegenwartsnahe Schilderung von Zeitereignissen, die in der Geschichte, der jüdischen Diaspora deshalb eine besondere Bedeutung einnehmen, weil sie die erste grosse Auseinandersetzung zwischen modernem Diasporajudentum und Umwelt darstellen; – Philons Bericht ist darüber hinaus aber zugleich auch die erste bedeutsame und vor allem symptomatische Äußerung von jüdischer Seite, die das Problem der jüdischen Zerstreuung betrifft.

Zur Zeit als Philon, einer der angesehensten Familien der Stadt angehörend, in Alexandrien lebte, war die Lage der Juden in dieser Provinz des römischen Imperiums außerordentlich günstig. Alexandria bildete das Hauptzentrum der jüdischen Diaspora. Nach Flavius Josephus soll Alexander der Große schon nach der Gründung der Stadt im Jahre 332 v. Chr. palästinensische Juden in Alexandrien angesiedelt haben. Seitdem werden sie von den Beherrschern des Landes ihrer besonderen kommerziellen Fähigkeiten wegen, denen die Stadt zum großen Teil ihren wirtschaftlichen Aufschwung verdankte, geschätzt und es wurde ihnen, obwohl sie nicht das alexandrinische Bürgerrecht besaßen, jede politische und kulturelle Freiheit gewährt. Die Umgangssprache war nicht hebräisch, sondern in Anpassung an die Landessprache griechisch, und selbst ihre Gebete verrichteten sie in griechischer Sprache.

Der Übergang der Herrschaft aus den Händen der Ptolemäer in die der Römer brachte ihnen weitere Vorteile. Neue Privilegien wurden ihnen verliehen, sie erhielten, wenn auch nicht in der Gesamtheit, so doch in einzelnen Gruppen die bürgerliche Gleichberechtigung und standen überdies unter besonderem kaiserlichen

Schutz. So erklärt es sich, daß Philon, der zu Lebzeiten bei den eigenen Glaubensgenossen, wie auch bei den Gebildeten unter den Römern hohes Ansehen genoß, im vollen Bewußtsein ihrer Bedeutung die Sätze niederschreiben konnte: »Wegen ihres Menschenreichtums kann nämlich ein einzelnes Land nicht alle Juden fassen. Deshalb bewohnen sie auch die Mehrzahl der fruchtbaren Inseln und Kontinente Europas und Asiens. Dabei halten sie für ihre Hauptstadt die heilige Stadt, in der der heilige Tempel des höchsten Gottes steht, betrachten aber als Vaterland den Ort, an dem sie geboren und aufgezogen sind und seit Generationen zu wohnen pflegen.« – In diesem Gefühl von Gleichstellung, das ihnen den Anspruch gab, die Provinz Ägypten als ihr Vaterland anzusehen, wurden sie von dem tatkräftigen und energischen Statthalter Flaccus Avillius jahrelang bestärkt, bis ein äußeres Ereignis eintrat, das die völlige Erschütterung der jüdischen Position zur Folge hatte.

Im Jahre 37 wird der Kaiser Tiberius in Rom ermordet, und als sein Nachfolger besteigt Gaius Caligula den Thron. Das ist für Griechen und Ägypter, die, »mißgünstig von Natur«, die Juden um ihre bürgerliche Gleichberechtigung, ihre wirtschaftlichen Erfolge und nicht zuletzt um den Genuß römischer Gunst und römischen Schutzes beneiden, willkommene Gelegenheit, den Statthalter gegen sie aufzuhetzen und schließlich im Verlauf der Ereignisse zu schweren judenfeindlichen Maßnahmen zu veranlassen. Flaccus, der ein Vertrauter des Tiberius war, ist bei dem neuen Herrscher aus verschiedenen persönlichen Gründen besonders schlecht angeschrieben und muß gewärtig sein, sehr bald nach dem Muster seiner Freunde in Rom beseitigt zu werden. Da entschließt er sich unter der Einwirkung von Menschen, die seine Angst und Verwirrung ausnutzen, um ihn für ihre Pläne einzusetzen, und getrieben von dem Ehrgeiz, seine Stellung, koste es was es wolle, zu halten, eine a priori nicht vorhandene Judenfeindschaft an den Tag zu legen. Er braucht gegen den neuen Kaiser den Beistand der mächtigen Stadt Alexandrien, und dieser Beistand, so will man ihn glauben machen, könne nicht besser erkauft werden als dadurch, daß man dem Volk die Juden als Geschenk ausliefere.

Noch ist Flaccus unentschlossen, noch zögert er. Da tritt ein zweites äußeres Ereignis ein, romantisch in seinen Begleiterscheinungen, dramatische Auflockerung und bunte Belebung dieser strengen Folge politischer Vorgänge, und dieses Ereignis – das Eintreffen des Judenkönigs Agrippa in Alexandrien – gibt Flaccus Avillius Veranlassung, endgültig und ganz seine Judenfeindschaft aufzudecken.

Hier weicht Philon erstmalig in bedeutsamem Maße von der Schilderung anderer Historiker ab. Während er bei den übrigen Persönlichkeiten, die er erwähnt, durchaus nicht sparsam mit Attributen umgeht, um ihre Eigenschaften zu kennzeichnen, verzichtet er gerade bei der fragwürdigen Erscheinung des Agrippa auf jede Charakterisierung. Der Jude Agrippa, Enkel Herodes I., ein verwöhnter Abenteurer, nach Mommsen »unter den zahlreichen in Rom lebenden orientalischen Fürstensöhnen ungefähr der geringfügigste und heruntergekommenste«, wurde von Tiberius wegen politischer Unzuverlässigkeit in den Kerker geworfen und von seinem Freund und Gönner Caligula nicht nur aus der Gefangenschaft wieder befreit, sondern überdies mit einem Drittel der großväterlichen Erbschaft als Königreich beschenkt.

Was tut darauf Agrippa als erstes? Stolz auf seine neue Würde und auf die Gunst des Kaisers, begibt er sich im frisch erworbenen Königsgewand und umgeben von prächtig staffierten Trabanten nach Alexandrien, wo er wenige Monate zuvor noch als ausgerissener Wechselschuldner versucht hatte, bei den Bankiers der Stadt neue Geldanleihen zu machen. Sein Besuch bedeutet also eine maßlose Herausforderung des ohnehin schon judenfeindlich gestimmten Volkes. Kein Wort davon bei Philon. Nach dessen Darstellung erfolgte Agrippas Durchreise durch Alexandrien lediglich, um auf Anraten des Kaisers auf kürzestem Wege in die eigene Provinz zu gelangen. Angeblich kam er »unerwartet und unerkannt« in Alexandrien an, und zeigte beim Betreten der Stadt große »Zurückhaltung«. Wir können uns aber nicht vorstellen, daß die Durchreise Agrippas so schwere judenfeindliche Maßnahmen zur Folge gehabt hätte, wenn nicht des Judenkönigs Erscheinen in Wahrheit besonders provozierend gewesen wäre.

Die Exzesse, die sein Auftreten auslöste, haben alle Merkmale der Pogrome späterer Epochen. Unter der jüdischen Bevölkerung wird ein grausames Blutbad angestiftet, die Tempel werden entweiht und zerstört, die Schiffe der Juden vom Pöbel in Brand gesteckt, an 400 Häuser dem Erdboden gleichgemacht, 38 Mitglieder der Gerusia, des Ältestenrates der jüdischen Gemeinde, im Zirkus öffentlich ausgepeitscht und teilweise zu Tode geprügelt. Flaccus erläßt ein Edikt, durch das die Juden ihre bürgerlichen Rechte verlieren und als »Fremde und Zuwanderer« anzusehen sind. Auch dürfen sie fortan von den fünf Stadtteilen nur noch ein einziges bewohnen.

Das alles geschieht, während der Günstling des Kaisers, der Jude Agrippa, sich im Glanz seiner neuen Macht nach seinem neuen Königreich begibt. Wir wissen nicht, ob Philon die Schuld, die Agrippa an den Ausschreitungen in Alexandrien hatte, nicht einsah oder absichtlich verschleiern wollte. Fest steht jedenfalls, daß die grundlegende Tendenz des Buches eine wesentliche Wandlung erfahren hätte, wenn Philon die Erscheinung Agrippas in historisch gerechterer Beleuchtung gezeigt hätte. Doch bevor wir näher darauf eingehen, sei kurz die Folge der geschilderten Ereignisse skizziert.

Kurze Zeit nach dem Pogrom vom Jahre 37 wird Flaccus, »der frühere Herr über Tod und Leben«, verhaftet, in die Verbannung geschickt und schließlich von den Häschern des Kaisers, »der grausam von Charakter und unersättlich in seinem Rachedurste war«, ermordet. Nach der Absetzung des Statthalters haben die Juden unter unmittelbaren Angriffen und Verfolgungen nicht mehr zu leiden. Aber sie erwarten, eine Entschädigung für den ihnen zugefügten schweren materiellen Schaden zu erhalten. Hier setzt Philons politische Aktivität ein. An der Spitze einer Deputation der angesehensten Einwohner der Stadt begibt er sich nach Rom, um beim Kaiser über die Lage in Alexandrien zu berichten und vor allem die Wiedereröffnung der Synagogen zu fordern. Doch vom Kaiser höhnisch abgewiesen, müssen sich die jüdischen Abgesandten unverrichteter Sache in ihre Heimat zurückbegeben. Zwei Jahre später wird Caligula ermordet, und sein Nachfolger Claudius schafft den Juden Alexandriens alsbald die erbetene Rehabilitierung.

Soweit geht Philons Bericht jedoch nicht. Bezüglich der Verfolgungen in Alexandrien bricht er mit der Beschreibung der erfolglosen Audienz bei Gaius ab. Von den fünf Büchern seines großen Geschichtswerkes sind uns nur noch zwei erhalten, davon das zweite auch nur fragmentarisch. Das erste, in dessen Mittelpunkt die Persönlichkeit des Statthalter Flaccus steht, schließt mit dem Satz: »So mußte auch Flaccus zugrunde gehen, als untrüglicher Beweis dafür, daß das Volk der Juden nicht von der göttlichen Hilfe verlassen ist.«

Es ist sehr zweifelhaft, ob Philon den gleichen Satz, der die Absicht seiner Schrift in ganzer Klarheit zum Ausdruck bringt, auch dann niedergeschrieben hätte, wenn er einige Jahrzehnte später die Zerstörung des Tempels in Jerusalem miterlebt hätte. So aber ist er von der Wahrheit seiner Anschauung durchdrungen. Er verkennt die Tragweite der Ereignisse, er ist ehrlich überzeugt davon, daß »das Ganze nur ein Brutalitätsakt des Flaccus und der Pöbelmassen war« und daß im Grunde die Völker in ihrer Gesamtheit weit davon entfernt waren, in der jüdischen Galutstellung [Galut: hebr. für Exil] eine Problematik zu sehen. Die Bestrafung des Flaccus, die übrigens keineswegs auf Veranlassung der Juden erfolgte, sondern einzig deshalb, weil der Argwohn des Kaisers gegen den ägyptischen Statthalter längst nicht beschwichtigt war, betrachtet Philon als eine göttliche Bestätigung seiner eigenen Auffassung. Aber Flaccus ist für ihn nicht Personifizierung einer antijüdischen Haltung, von der weite Kreise ergriffen sind, sondern die Einzelerscheinung eines vom rechten Wege Abgeirrten, der sich dem göttlichen Willen widersetzt und daran zugrunde geht.

So erklärt sich auch Mommsens ablehnende Kritik an Philon. Das – so äußert sich Mommsen –, was Philon in Wirklichkeit dachte, sei nicht nach dem zu beurteilen, was er zu sagen für zweckmäßig hielt. Mommsen ist also der Meinung, Philon hätte mit Absicht die Judenverfolgungen in Alexandrien so dargestellt, als seien sie nur auf den Willen einzelner Hetzer und des Flaccus im besonderen zurückzuführen, um dadurch die Gesamtstimmung in der Bevölkerung zu verschleiern. Wir können nicht mit Sicherheit behaupten, daß dieser Vorwurf Mommsens keine Berechtigung habe. Andererseits aber liegt es nahe anzunehmen, daß Philons Auffassung typisches Beispiel einer gerade in der jüdischen Geschichte häufig anzutreffenden Form verhängnisvoll-optimistischer Selbsttäuschung ist, die darin besteht, judenfeindliche Maßnahmen nicht als generelle, aus dem Spannungsverhältnis entstehende, sondern als auf zufallsbedingter privater Initiative beruhende Äußerungen anzusehen.

Hätte Philon die wirkliche Rolle, die Agrippa spielte, dargestellt, so wäre die These der Alleinschuld des »Flaccus und der Pöbelmassen« nicht mehr aufrecht zu halten gewesen. Er hätte dann nämlich nicht nur die Mitschuld des Provokateurs Agrippa zugegeben, sondern zugleich auch die Frage in ihrer allgemeinen Bedeutung anschneiden müssen, wieweit in gewissen Fällen eine falsch gelenkte Aktivität auf jüdischer Seite die Stellung zur Umwelt komplizieren kann.

Philons Schrift ist nicht nur – wie schon anfangs angedeutet – als historische Quelle von Bedeutung. Sie ist vor allem interessant wegen ihrer Grundeinstellung, die inzwischen – ohne daß wir uns dessen vielleicht stets so bewußt waren wie in der gegenwärtigen Stunde – durch immer neue Vorgänge im Lauf der jüdischen Geschichte widerlegt wurde: daß nämlich eine Diaspora-Problematik nicht bestünde und jede judenfeindliche Aktion unabhängig von weltanschaulicher Einstellung sei und auf einer Verkettung äußerer Umstände beruhe, bei der das Judenproblem als Problem weder offenbar noch versteckt irgendeine Rolle spiele.

Der Herausgeber und vortreffliche Übersetzer der Schrift »Von den Machterweisen Gottes«, Hans Lewy, sagt in seinem Vorwort mit Recht, daß Philon, der in dem Ablauf der Ereignisse die Wirkung der göttlichen Vorsehung erblickte, sich die Aufgabe setzte, das schreckliche Ende der Urheber der Verfolgungen durch die strafende Hand Gottes darzustellen. Das gibt der Schrift ihren besonderen Charakter. Das erklärt aber auch, daß dem Philon durch die für die Juden Alexandriens besonders günstige Wendung, die die Verfolgungen vom Jahre 38 mit der Absetzung des Statthalters Flaccus nahmen, die Problematik der Diaspora in ihrer geschichtlichen Besonderheit verschlossen bleiben mußte.

CV-Zeitung, 12. Dezember 1935

Beiwerk der Stadt

Der Grunewald

Still ist der Grunewald im Winter, wenn Schnee liegt und die Seen nicht gefroren sind, weiter ist er von der Stadt entfernt. Verkehrsmuseum und Nationalgalerie sind an seiner Statt das Ziel der monatlichen Schulausflüge. Selterswasserbuden stehen an den Wegkreuzungen vereinsamt, wie Vogelscheuchen auf den Feldern. Die Straßenbahnen, die über die Koenigsallee und den Hohenzollerndamm sich dem Grunewaldrande nähern, sind nie überfüllt.

Nur an Sonntagen, vormittags zwischen zehn und zwei, belebt er sich. Spaziergänger, meist vorgerückten Alters, langsam ausschreitend, mit jedem Schritt das Bild der Landschaft neu gewinnend, begegnen sich an den gleichen Stellen zwischen Paulsborn und Onkel Toms Hütte. Der Grunewald ist ihre *Winterstation*. Sie sind anspruchslose, dankbare Besucher. Sie verlangen von der Landschaft keine Attraktionen, nur Frische und Stille und Helle.

Ist aber Schnee gefallen, oder sind die Wasser zugefroren, der Grunewaldsee, der Teufelssee, die Krumme Lanke, dann strömen die Kinder mit den Müttern und Vätern hinaus, bepackt mit Rodelschlitten und Schlittschuhen und manche auch mit Skiern. Die Hänge sind zwar nicht steil – eigentlich sind es gar keine Hänge, sondern nur sacht abfallende Ebenen – und die Abfahrten sind nicht lang, aber man steht doch auf Brettern, und im Abwärtsgleiten kann man für Sekunden die Augen schließen und sich so manches dabei vorstellen.

Die alten Spaziergänger sind an solchen Sonntagen besonders froh gelaunt. Ihnen scheint es, als wolle die Natur mit dem Massenaufgebot an strahlenden und geröteten Kindergesichtern ihnen im besonderen eine Freude machen. An den Rodelbahnen bleiben sie stehen und nicken den Kindern, die sich mit viel Getöse von ihren kleinen Schlitten abwärts tragen lassen, verständnisvoll und lächelnd zu.

Sehr bürgerlich ist der Grunewald, und er würde eine denkbar schlechte Kulisse für eine romantische Waldoper liefern. Man muß ihn an Wintertagen aufsuchen, wenn der Eindruck nicht verfälscht wird durch den Anblick im Grase schnarchender Ehepaare und weithin verstreuter Zeitungsblätter, um dies zu spüren: daß er weder düster noch lieblich ist, vielmehr nüchtern, bieder, fast profan, keine dithyrambische Hymne, sondern ein sauberes Prosastück –: der Vorgarten des Mietshauses Berlin.

Der Tiergarten

Lange Minuten fährt die S-Bahn durch den Grunewald, aus Wannsee kommend in die Stadt hinein. In 50 Sekunden durchsaust sie den Tiergarten. Viele Stunden kann der Fußgänger im Grunewald laufen, immer nur umgeben von trockenem Land, von hohen schmalen Nadelbäumen, von Seen und Grünflächen – im Tiergarten verliert er nie das Bewußtsein, daß wenige Schritte entfernt Autos und Straßenbahnen und hohe Omnibusse auf ihn, den Städter, warten, damit er sich wieder einordne in das Getriebe. Nie kann der Tiergarten mehr sein als Augenblick des Verweilens, schnelles Atemholen, flüchtige *Durchgangsstation*. Die Menschen gehen nicht in ihm, sondern, kaum sind sie eingetreten, aus ihm heraus. Vom Brandenburger Tor kommend nähern sie sich dem Zoo, vom Zoo kommend dem Brandenburger Tor.

Die Nächte sind kalt in diesen Tagen. Dennoch gibt es welche, die Hand in Hand ihn in der Dunkelheit aufsuchen, fröstelnd, keine Wärme findend und spürend, was sie im Sommer nicht merkten: daß er keine Ruhe gewährt.

Die Jungen, die die Schule schwänzen, laufen oft in den Tiergarten. Mit Büchern in der Mappe und Diskussionsstoffen im Kopf. Nie aber mit dem Wunsch nach dem Tiergarten. Und nie haben sie an dem Tiergarten gehangen, so wie sie am Grunewald hängen. Es ist Undankbarkeit, sie sollten sich schämen. Es ist, als ob sie noch an den Tag denken müßten, da sie bitter enttäuscht nach dem ersten Besuch fragten, warum denn dieser Ort Tier-Garten heiße.

Wir wollen gerecht sein. Er ist ein gepflegtes und geräumiges und gut gelüftetes Stück Stadt. Wer Kopfschmerzen hat, der gehe eine Weile auf den kleinen Wegen längs der Charlottenburger Chaussee. Nicht zu lange, er würde sonst entdecken, daß die Wege immer die gleichen sind und die Bänke zu seinen Seiten immer mit der gleichen Farbe angestrichen.

Fermate ist der Grunewald, Fermate der Woche, des Alltags. Pause ist der Tiergarten, Pause zwischen zwei Takten. Pause zwischen Stadt und Stadt.

Frankfurter Zeitung, 6. Januar 1936

Die beiden Flüsse

Spree

Berlin ist von der Spree durchflossen, einem kleineren Fluß, der sich mühselig durch die Stadt drängt von Südosten nach Nordwesten, und dann stumm in ein anderes Gewässer mündet: die Havel.

Über der Spree liegt nicht die Gnade des Flusses, der sich der großen Stadt zugehörig fühlt. Von Niederschöneweide bis Spandau bleibt die Spree dumpf und ohne Schimmer. Die Strahlen der Sonne leuchten nicht auf ihrer Fläche, farblos friert sie zwischen dem Regengrau schmaler Straßen und hoher Häusermauern. Wie ein Weib, das, demütig sein Gewand dicht um den Körper geschlungen, durch nächtliche Straßen huscht, trägt sie ihre Wasser in engem Bett durch die Stadt. Leise ist ihr Schritt, ohne Seufzer.

Die Spree hat etwas vom Kanal, vom künstlich Geschaffenen, von Menschenhand aus dem Boden Gequältem, nicht aus dem drängenden Quell Geborenem. Die Karte lehrt, daß sie bei Ebersbach in Sachsen entspringt.

Schwere, klobige Frachtkähne stoßen zwischen den Asphaltufern voran: Stiefkinder der Lastwagen auf den Straßen. Sie geben dem Fluß etwas Bürgerlich-Kommerzielles, aus der Atmosphäre des schwindsüchtig Schwachen reißen sie ihn in den ernüchternden Alltagsbetrieb. Aber es bleibt die Sehnsucht des Flusses nach Klärung, ja nach Erlösung. Er empfindet sein Schicksal wie der Zwerg, der glaubt, er müsse ein verwunschener Prinz aus dem Märchen sein.

Die Stadt ist der Alpdruck der Spree, jene laute Stadt, von der sie noch nichts ahnte, als sie sanft und schläfrig durch die Lausitz floß. Je mehr sie sich nähert, um so stärker krümmt sie sich zusammen, verengt sie sich, macht sie sich klein. Wie ein abgezehrter Arm greift sie schließlich mit dürren Fingern seitlich durch das Netz Berlins.

Und dennoch: Es fehlt ihr zwar die Anmut, nicht aber die Würde des Verzichts. Ohne Wehklage, ohne Gepolter, ohne Aufbegehren trägt sie ihre Wasser. Es ist nicht leicht, durch die Jahrhunderte hindurch das Schicksal eines Flusses zu führen, dem es nicht gestattet ist, zu repräsentieren. Denn dies weiß sie: Sie leiht der Stadt keinen Glanz. Sie bereichert sie nicht, sie vertieft nicht das Bewußtsein ihrer Tradition. Die Stadt mit Schloß und Dom, mit Börse und Kaiser-Friedrich-Museum blickt scheel auf sie herab. Erst wenn sie sich der Umklammerung der eiligen Straßen entreißt und in den Charlottenburger Schloßpark zieht, wird sie aufatmend breiter, beinahe lieblich.

Es ist nur eine kurze Aufheiterung, die der Fluß vor seinem Ende erlebt. Er geht, kämpfend durch Siemensstadt hindurch, es folgt die Agonie zwischen den Industriewerken, vor Spandau der Tod: einmünden in die Havel.

Ewig vollzieht sich dies gleiche Geschick. In harmloser Bereitschaft setzt es an der böhmischen Grenze ein, in entsagungsvoller Betäubung endet es westlich Berlins. Der Lauf der Spree.

Havel

Die Havel ist ein Sonntagsfluß. Wie eine breite Mauer begrenzt sie Groß-Berlin im Westen. Außen gelegen, ein Adoptivkind der Stadt, ihr doch zugehörig und verbunden. Sie ist die gute Laune Berlins, das Lachen des Berliners, Zuflucht vor Ärger und Unbehagen.

Es gibt in Berlin keine Spree-Gemeinde, wohl aber eine riesige Havel-Gemeinde. Zu ihr gehören alle – und es sind die meisten –, die sich nach »draußen« sehnen, nach frischer Wärme, nach frischer Kühle.

Strahlend flutet sie durch die Mark, als übermütiger Zauberer verwandelt sie jeden Erdfleck, den sie greift, in lockende Helle. Und immer wieder, wie wenn sie nicht genug ihre nasse Fracht zur Schau stellen könnte, verbreitet sie sich in üppige Seen: den Wannsee, den Jungfernsee, den Schwielowsee.

Tausende von Badenden und sich Sonnenden empfängt sie sommers an ihren Gestaden, Tausende von flachen, schnellen Booten trägt sie dann auf ihren spritzigen Wellen in südlicher Richtung davon. Als sollten alle Schmutzwasser der Spree nun wieder leuchtend werden, so verwandeln sie sich auf der Havelseite in einen hellen Spiegel.

Allem gibt die Havel das Gepräge: den Wäldern, den Bergen, dem Land. So heißen sie: Havelwälder, Havelberge, Havelland. Die Havel »trägt« die Landschaft, sie gibt ihr Farbe und Licht, Form und Sinn. Gräser, Bäume, Lauben neigen sich ihr zu. Die Menschen an ihren Ufern warten auf die Tage der ersten Wärmestrahlen, schaukeln in winzigen Paddelbooten, auf fröhlich knatternden Musikdampfern und winken von den Ufern ihr entgegen.

Frankfurter Zeitung, 3. Februar 1936

Sind, wie es den Anschein hat, die Zeiten endgültig vorbei, da ehrgeizige jüdische Eltern von ihren Kindern verlangten, daß sie um jeden Preis, – coûte que coûte – herausragten aus der Masse des Durchschnitts? Es genügte längst nicht, ein mittelmäßiger Schüler zu sein, man hatte zu den besten zu zählen, wenn möglich gar als Primus das Osterzeugnis nach Hause zu bringen. Und wenn andere Kinder *vier* Jahre zur Absolvierung der Vorschule brauchten, dann mußte der kleine Kurt es in dreien schaffen ... »Wissen Sie schon, mein Junge hat eine Klasse übersprungen!« – »Nein, was haben Sie für ein begabtes Kind! ...«

Darauf kam es vor allem an: irgendwo eine »Begabung« aufzuweisen, ein Talentchen, nur nicht zum Durchschnitt, zur großen Masse zu gehören. In seinen »Lebenserinnerungen eines Rechtsanwalts« erzählt Max Hachenburg einen Vorfall, der sehr symptomatisch ist für diese Auffassung. Der Direktor der Schule, die er besuchte, hatte den Vorschlag gemacht, daß er auf Grund seiner besonderen Befähigung studieren solle. Darauf schilderte die Mutter dem Direktor die bescheidenen häuslichen Verhältnisse. Sie könne dem Vater das Opfer nur dann zumuten, wenn die Aussicht bestände, daß aus dem Jungen etwas *Außerordentliches* werde. Der Direktor erwiderte: »Wir wollen zufrieden sein, wenn er etwas *Ordentliches* wird.«

Man sollte meinen, daß der pädagogische Unfug, der sich ja im übrigen nicht nur als ein *pädagogischer* erwies: sich immer wieder zu exponieren, bei der veränderten Einstellung zu Gegenwartsaufgaben und -forderungen ein Ende gefunden habe. Es ist, wie die meisten inzwischen erkennen lernten, wichtiger geworden, daß sich einer in die Gemeinschaft, in die er gestellt ist, *einfügt*, als daß er, von allzu ehrgeizigen Angehörigen aufgestachelt, aus dem Rahmen fällt, um statt des vermeintlichen »Ruhmes« nur Verstimmung und Mißgunst hervorzurufen.

Ist es notwendig, darüber heute überhaupt noch etwas zu sagen? Kürzlich habe ich eine kleine Szene erlebt – es ist erst einige Wochen her –, die mir deutlich machte, daß diese Auffassung bei manchem immer noch nicht revidiert worden ist.

Es war am Anhalter Bahnhof, wir begleiteten einen Freund zum Zug, der nach Südafrika auswanderte. Wir taten das, was man als junger Mensch immer tut, wenn man von solchen Minuten des Abschieds ergriffen ist, die für die meisten einen Abschied für immer bedeuten: wir lachten, machten die albernsten Bemerkungen der Welt, »blödelten«, nur um keine Sentimentalität aufkommen zu lassen ... Seine Angehörigen: die Eltern, die Großmutter, die ältere Schwester, bemühten sich weniger, ihre Rührung zu verbergen; kein Mensch konnte ihnen das verdenken. Die üblichen Bemerkungen fielen: »Vergiß nicht, in Genua gleich zu schreiben, wie du angekommen bist ... Das Vasano ist in deiner rechten Manteltasche, na, hoffentlich verträgst du die Überfahrt gut ... Und dann: erledige die Sache in Kapstadt gleich, du weißt schon; und bleib gesund, mein Junge, bleib vor allem gesund! ...«

Die Atmosphäre der gedämpften Erregung wird durch die Aufforderung der Beamten, einzusteigen, jäh gesteigert. Letzte hastige Händedrucke, letzte Zurufe, letzte Blicke. Der Zug ruckt an, schnauft schwerfällig aus der Halle, wir laufen noch ein Stück nebenher. Halbe Sätze fliegen zum Bahnsteig hinunter, zu den Coupéfenstern hinauf. Und dann dieser Augenblick, den ich nicht vergessen werde, einen so – ich möchte sagen: *erschreckenden* Einblick vermittelte er in die Vorstellungen der Mutter, die ihren Jungen in die Ferne schickte. Es handelte sich dabei nur um einen einzigen Satz, ob ihn der Freund, indes ihn die Räder forttrugen, noch hörte, weiß ich nicht, – ich wünschte, er hätte ihn nicht mehr gehört! Den Klang der erregten Stimme seiner Mutter habe ich noch im Ohr: »Hans,« rief sie, *»werde eine Leuchte in Südafrika!«*

Werde eine Leuchte in Südafrika! Das war nun der letzte Zuruf in Europa, der letzte Wunsch, die letzte Ermahnung. Es genügt also nicht, daß du, Hans, der mit Zuversicht und doch auch mit ein wenig Bangen in ein neues, fremdes, sehr fernes Land gehst, dich dort zurechtfindest und einordnest, nein, du mußt unter allen Umständen unbedingt gleich eine »Leuchte« werden, einer, der von sich reden macht, der Aufsehen erregt, Staunen, Bewunderung. Wozu fährst du eigentlich nach Südafrika? Doch nicht etwa, um dir dort »nur« einen neuen Lebensrahmen, eine einigermaßen gesicherte Existenz zu schaffen, um neue Freunde zu finden, ein paar Menschen, die zu dir halten? Du fährst eben, um eine Leuchte zu werden, weil es der ausdrückliche Wunsch aller ehrgeizigen jüdischen Eltern ist, daß ihre Kinder Leuchten werden.

Der eine oder der andere wird vielleicht meinen, ich setze mich hier allzu bedingungslos für einen *Nivellierungsprozeß* ein, dem anheimzufallen nicht jeder verdiene. Das ist auch nicht beabsichtigt. Aber es gibt einen Unterschied – und auf den kann nicht nachdrücklich genug hingewiesen werden – zwischen äußerlicher und innerlicher Nivellierung. Damit kein Mißverständnis entsteht: es wird hier nicht befürwortet und verlangt, daß einer seine Fähigkeiten zurückhalte, daß er gar darauf Verzicht leiste, die Werte, die in ihm ruhen, sich selbst und anderen vor allem nutzbar zu machen. Im Gegenteil. Die Selbstbehauptung im Lebenskampf, die draußen aus den verschiedensten Gründen gewiß doppelt schwer ist, wird zu einem guten Teil davon abhängen, wieweit einer »Persönlichkeit« ist, wieweit er an sich gearbeitet hat und weiterarbeitet, um seinen menschlichen Anspruch durchsetzen zu können.

Aber es mutet geradezu als ein Zeichen von *Lebensunerfahrenheit* an, zu glauben, den Lebenskampf dann bestehen zu können, wenn man, statt den Versuch zu unternehmen, sich in einem gegebenen Wirkungskreis in aller Solidität und Stetigkeit zu bewähren, sich bemüht, die fremde Welt als »Leuchte«, somit durch aufdringliches Zur-Schau-stellen seiner Person zu erobern. In den Worten der Mutter des Freundes steckt beinahe das Gegenteil von dem, was als erste und entscheidende Eigenschaft von jedem verlangt werden muß, der als Fremder in ein neues Land kommt: Takt, Zurückhaltung und immer wieder Maß-halten-können.

Gerade in bezug auf diese Eigenschaften sollten dir, mein Lieber, der du nun schon seit einigen Wochen in Johannesburg lebst, die *Engländer*, unter deren geistigkulturellen und wirtschaftlichen Einflüssen das Land steht, in das du gegangen bist, und ihr Gentlemanideal vorbildlich sein. Ich wünsche von Herzen, daß du inzwischen noch keine »Leuchte« geworden bist. Daß du mich verstehst, dessen bin ich sicher. Daß aber deine Mutter und mit ihr einige hundert oder tausend andere allzu ehrgeizige jüdische Mütter und Väter mich verstehen mögen, daran wäre mir viel gelegen.

CV-Zeitung, 27. Mai 1936

Jüdisches und deutsches Soldatentum

Im Juli-Heft der »Nationalsozialistischen Monatshefte« veröffentlicht Dr. Joachim Mrugowsky einen Aufsatz über »Jüdisches und deutsches Soldatentum«, den er einen »Beitrag zur Rassenseelenforschung« nennt. Durch Gegenüberstellung und Vergleich von deutschen und jüdischen Dokumenten aus dem Kriege, die er den »Kriegsbriefen gefallener Studenten« und den vom RjF [Reichsbund jüdischer Frontsoldaten] herausgegebenen »Kriegsbriefen gefallener deutscher Juden« entnimmt, versucht er den Nachweis, daß es eine tiefe, unüberwindbare Kluft zwischen Deutschtum und Judentum, zwischen deutscher und jüdischer Denkungsart und Grundhaltung gebe. Über die »Kriegsbriefe gefallener deutscher Juden« äußert der Verfasser: »Dem Buche liegt offenbar die Absicht zugrunde, zu beweisen, daß sich diese gefallenen Juden als Angehörige des deutschen Volkes gefühlt hätten, daß es also doch ›deutsche Juden‹ gäbe. Zunächst ist es ein ebenso erschütterndes Zeugnis des großen Krieges, wie jeder andere Bericht, der uns unmittelbar von dem großen Ringen erzählt und es uns nacherleben läßt. Es spricht auch von Verwundung und Tod, von täglichen Erlebnissen und von Religion, vom Sinn des Lebens und anderen Dingen, die einem erst in Augenblicken nachhaltiger Gefahr klar werden. Es spricht auch von Plänen für die Zukunft und der geballten Kraft, nach Beendigung des Krieges sich besonders stark beruflich einzusetzen. Alles Dinge, die allgemein menschlich sind, die wohl jeder Soldat in Augenblicken eines gefahrvollen Lebens durchdenkt.« Mrugowsky stellt nun auszugsweise Briefe aus den oben zitierten Büchern zusammen, die zwar das gleiche Thema behandeln, aber doch *unterschiedlich* seien, was wir, wie der Verfasser meint, »auf eine andere Reaktionsweise des Menschen zurückführen können«. Zunächst gibt er etwas über die Gründe, aus denen heraus sich die Briefschreiber bei Kriegsbeginn freiwillig zur Truppe meldeten. Er kommt dabei zu der Folgerung, daß die Juden die Gefühle, die sie zur freiwilligen Meldung veranlassen, zergliedern und analysieren, daß sie »rein verstandesmäßig« ihre Handlungsweise motivieren. Dem Deutschen sei das fremd. Für ihn bedarf es »keiner langen Überlegung, aus welchen Motiven heraus das Opfer gebracht wird. Es wird gebracht, weil es ›einfach selbstverständlich‹ ist. Diese Grundhaltung hat der Mensch, oder er hat sie nicht. Lernen und erdenken kann man sie nicht, wenn man auch auf Umwegen trotzdem zu demselben Ergebnis kommen kann: du mußt jetzt ein Opfer bringen.« Während, wie der Verfasser aus weiteren Briefen folgert, die er zitiert, für den Deutschen das *deutsche Volk* im Mittelpunkt alles Denkens und Fühlens stehe, spiele für den jüdischen Kriegsteilnehmer »die Menschheit eine um so größere Rolle«: »Dort das Sehnen nach der ›höheren‹ Menschheit – hier gläubiges Vertrauen auf die Kraft des eigenen Volkes, selbst unter Ausschaltung der eigenen Persönlichkeit. Dort Individualismus – hier stärkster Eigenwille für die Gesamtheit des eigenen Volkes.« Der Verfasser kommt zu dem Schluß, daß die »Kriegsbriefe gefallener deutscher Juden« zweifellos ein erschütterndes Dokument seien, »wie es alle Kriegsbriefe sind. Dabei ist es gleichgültig, ob sie von Deutschen, Franzosen, Juden oder Japanern geschrieben sind. Gerade aber weil in ihnen dasselbe Thema, dasselbe Erleben behandelt wird, treten die Unterschiede in der Auffassung stärker hervor. Gerade dieses, was anders ist, ist für uns wichtig. In ihm zeigt sich die Rassenseele.«

CV-Zeitung, 16. Juli 1936

Rolltreppe abwärts

Der Luna-Park in Halensee, dieser größte Amüsier-Rummel, den Berlin besaß, besteht nun nur noch in der Erinnerung; dort wo einst im Riesenrad schwindlig gewordene junge Mädchen quietschten, quietschen jetzt die Bremsen zu rasch stoppender Kraftwagen, die die breite, mitten durch den früheren Vergnügungspark hindurchführende Auto-Promenade zwischen Grunewald und Heerstraße passieren. Erinnert man sich noch an die »Jimmy-Treppe«, die damals eine der Hauptattraktionen des Luna-Parks bildete? Die Menschen stauten sich vor diesem aus Amerika importierten selbstfahrenden Treppengerät, und sie lachten schadenfroh über jene, die aus Neugier, sportlichem Ehrgeiz oder unbekümmertem Vergnügungsdrang die Treppe bestiegen und nun, da sie die Launen dieses eigenwilligen Mechanismus nicht erfaßten, in einem fort stolperten, zur Seite kippten, hinfielen und eines nur mit äußerster Mühe erreichten: das Ende der Treppe, den Punkt, da sie endlich wieder Gewalt über ihre Schritte bekamen und nicht mehr hilflos dem Gesetz dieser heimtückischen Treppe unterstanden, das die Nachdenklichen unter ihren Opfern zu ernsthaften Betrachtungen über die Grenzen menschlicher Willensfreiheit anzuregen imstande war.

Inzwischen ist aus der »Jimmy-Treppe« längst eine seriöse und nicht unwichtige *Verkehrseinrichtung* geworden, kein Mensch lacht mehr darüber oder wundert sich auch nur im geringsten (es sei denn, er käme gerade aus Neu-Strelitz zum ersten Male in die Reichshauptstadt). Die »Jimmy-Treppe« bildete gewissermassen die ins Groteske verzerrte Vorankündigung einer alltäglichen großstädtischen Institution, über die – im weitesten Sinne des Wortes – niemand mehr stolpert. Überdies hat das Ding den Namen »Rolltreppe« bekommen, eine Bereicherung des deutschen Wortschatzes.

Vor kurzem ist nun die erste *abwärts* führende Rolltreppe in einem Berliner S-Bahnhof, dem Bahnhof Friedrichstraße, dem Publikum zum Begehen – oder sagt man richtiger: zum Befahren? –, also zur Benutzung übergeben worden. (Eine andere besteht seit einigen Jahren in einem Warenhaus in Neukölln.) Heute besitzt diese Abwärts-Rolltreppe, an einem solchen Verkehrsbrennpunkt wie dem Bahnhof Friedrichstraße angebracht, als etwas Neues noch Kuriositätenwert, sie stellt etwas dar, was man unbedingt gesehen, mehr noch: bestiegen haben muß (zumal ihre Benutzung gratis ist), und der Eiligste vergißt, wie eilig er es – aus Prinzip schon! – haben mag und probiert sie rasch einmal, um dann zu Hause oder den Kollegen im Büro zu erzählen: »Kinder, seid ihr schon mit der neuen Rolltreppe Bahnhof Friedrichstraße gefahren? Ganz komisches Gefühl kriegt man da, die geht doch runter, zwei Stockwerk tief, – so'n bißchen mulmig wird einem, als ob das wunder wie gefährlich wär'.« Gefährlich ist es aber gar nicht, und etwas Besonderes ist es eben nur, weil es ungewohnt ist, wer wird in einigen Wochen noch Aufhebens davon machen?

Rolltreppe abwärts: statt im Abwärtsgleiten weiterzugehen, bleiben die Leute wie angewurzelt auf der Stufe stehen, die sie gerade betreten haben, sie rühren sich nicht, einer steht hinter dem anderen und starrt unverwandt und andächtig abwärts, *niemand lacht* oder wagt auch nur das Gesicht zu einem Lächeln zu verziehen oder überhaupt nur zu reden, in eiligem Fatalismus läßt man sich abwärtsgleiten, und wenn man dann endlich unten angelangt ist, kommt man sich richtig erlöst vor. Noch haben wir Hemmungen, unseren Schritt dem Rhythmus der abwärts rollenden Treppe anzugleichen. Aber es bleibt uns nichts anderes übrig. In allen ihren Formen drängt die Großstadt zur Norm, zur Automatik, zum Mechanismus. Wer das Leben, das private, das eigenwillige, fassen will, muß scharf hinblicken. Er findet es nicht mehr an der Oberfläche der äußeren Erscheinungen, seit wir Treppen ausgeliefert sind, die einen aufwärts und abwärts führen, ohne daß wir etwas Eigenes dabei zu tun haben.

Frankfurter Zeitung, 24. August 1936

Lacht der Berliner?

Das Lachen in der großen Stadt erschreckt. Es erschreckt wie alles Unerwartete. Der Mann in der dicht voll Menschen gepreßten U-Bahn, der einen heiteren Roman liest und plötzlich laut auflacht, erregt in seiner Umgebung Mißbehagen. Man sieht verärgert zu ihm auf, dem einen oder anderen kommt für einen Augenblick der Gedanke, der Lacher sei von einem Anfall, von irgendeinem Symptom hysterischer Krankheit befallen. Die drei Männer im Zigarrenladen – Verkäufer und zwei Kunden –, die, über den Ladentisch gelehnt, in dröhnendes Lachen ausbrechen, weil einer von ihnen eine Bemerkung tat, die zu diesem Gefühlsausbruch Anlaß gab, unterdrücken die Stimmungsentladung jäh, als ein vierter, fremder eintritt und gleichgültig ein paar Zigaretten verlangt.

Die Fragestellung: »Lacht der Berliner?« mag manchem riskant erscheinen; er sieht sehr deutlich die Gefahr, die darin besteht, um jeden Preis zu verallgemeinern, von dem Verhalten Einzelner Rückschlüsse auf das der Gesamtheit ziehen zu wollen und somit ein in seiner Simplifizierung schiefes Bild zu geben. Es soll auch gar nicht versucht werden, zu entscheiden, ob der *Berliner* in seinem Temperament eher zum Optimismus oder zum Pessimismus neige (wobei dahingestellt sein mag, ob es richtig ist, Lachen unbedingt als Ausdruck von Optimismus anzusehen) – nur eines sei bemerkt: dort, wo der Berliner Berliner wird, wo er also bis zu einem gewissen Grad der privaten Sphäre seines Lebens entschreitet und sich in seiner Funktion als Großstädter der Gesetzmäßigkeit der Stadt – ob er will oder nicht – unterordnet, auf der Straße somit, im Autobus, auf der Post, im Finanzamt, kurz: an allen der Allgemeinheit zugänglichen, im eigentlichen »objektiven« Stätten, da lacht er nicht, so wenig wie die Stadt lacht oder sonst einer Anwallung des Gefühls unterliegt – tut er es dennoch, wie jener Mann in der U-Bahn, dann empfindet es die Umgebung als durchaus illegitim, dem Nachdenklichen erscheint es wie ein sehr spontanes, zugleich halb ängstliches und überdies erfolgloses Sich-Aufbäumen gegen die Richtformen, welche die Stadt ihren Menschen auferlegt.

Es mag einer sich in einer Stunde heftiger Zirkulation, etwa zu der Zeit kurz vor Ladenschluß, an einen Punkt stellen, an dem dieser Verkehr besonders lebhafte Formen annimmt, beispielsweise an die Ecke Leipziger und Friedrich-, oder Tauentzien- und Nürnberger Straße, und sehr scharf die Leute, die an ihm vorbeiströmen, beobachten: er wird dabei allerlei Feststellungen machen, die manche Vermutung über die Art und Weise gestatten, in der diese Menschen reagieren, wenn sie sich in der Öffentlichkeit bewegen; eines aber wird er in jedem Fall bemerken: *kaum je* lacht einer, und wenn doch, dann ist es fast immer ein Nicht-Berliner, ein zu Besuch Weilender, der mit der ganzen Unbeschwertheit und Neugierde, fast möchte man sagen: Provokationslust des Fremden in dieser Stadt herumstreicht, der er nicht zugeordnet ist.

Der Berliner in seiner Eigenschaft als Berliner lacht nicht. Er mag zu Hause lachen, im Freundeskreis, im Büro, im Theater, aber nicht dort, wo er das steinerne Parkett der Straße betritt. Wenn wir uns noch einmal in die Atmosphäre während einer U-Bahnfahrt hineinversetzen: wer wollte nicht zugeben, daß nichts für die Haltung der Menschen in der Untergrundbahn so bezeichnend ist wie die Tatsache, daß niemand während der Fahrt eine Miene verzieht, Empfindung, Temperament verrät, daß jeder in sachlich knappem Gespräch begriffen ist oder aber mit einem unzweifelhaft steifen Paßbildgesicht vor sich hinstarrt? Und was ist dies anderes als der Ausdruck dafür, daß bewußt oder unbewußt ein Zwang zur Einordnung in das aller privaten Äußerung abholde Getriebe der großen Stadt empfunden wird!

Das Vergnügen, das es immer von neuem bereitet, in der Wochenschau im Kino Zuschauer einer Sportveranstaltung auf der Leinwand zu sehen, die unter der Einwirkung des Spiels, dem sie folgen, ihren Temperamentsausbrüchen freien Lauf lassen, kann lediglich daraus erklärt werden, daß einem deutlich bewußt wird, hier verliere einmal der Einzelne für eine Weile die Kontrolle über das Gefühl, die er sonst in der Öffentlichkeit so streng zu wahren weiß. Bald aber, wenn nämlich jene sonntags auf dem Sportplatz gefilmten Zuschauer im Montagmorgenbetrieb ihrer alltäglichen Beschäftigung zusteuern, legt sich von neuem die eisige Kette der Neutralität um das Privatgefühl, und niemand in den weinroten Polstern des U-Bahnwagens lacht mehr laut vor sich hin.

Frankfurter Zeitung, 7. September 1936

Bekenntnis zur Einsamkeit

Zu einem Roman

Wer versucht, innerhalb der modernen französischen Literatur gewisse gleichgerichtete Strömungen und Tendenzen aufzufinden, ohne in die Gefahr geraten zu wollen, forcierte Ein- und Überordnungen vorzunehmen, wird mit einiger Berechtigung feststellen können, daß die Neigung zum *Bekenntnisbuch* vorherrschend ist, oder, um es noch vorsichtiger auszudrücken, daß der Bekenntnisroman neben dem »roman psychologique«, wie ihn in moderner Form Paul Bourget mit seinem »Disciple« geschaffen hat und wie er sich uns heute in raffiniertester Abwandlung etwa in der Romanserie »Les hommes de bonne volonté« von Jules Romains präsentiert, einen ebenbürtigen Platz innehat.

Die Geschichte des Bekenntnisbuches als spezifisch französische Parallelerscheinung zum deutschen Entwicklungsroman ließe sich, was hier nur angedeutet werden kann, durch die gesamte französische Literatur hindurch verfolgen, angefangen bei den »Confessions« Jean Jacques Rousseaus über den Roman »Adolphe« und das »Journal intime« Benjamin Constants, über die »Confessions d'un enfant du siècle« des Romantikers Alfred de Musset und die autobiographischen Aufzeichnungen seiner Freundin George Sand bis zu den gleichfalls als Bekenntnisse zu wertenden »Fleurs du mal« Baudelaires. Aus der Gegenwart seien, um nur einige der bekanntesten und markantesten zu nennen, Georges Duhamel mit seinem schon durch den Titel programmatischen Roman »Confession de minuit«, Werke von André Gide (vor allem »Les nourritures terres tres«

und seine Tagebücher), von Mauriac, von Fleg, aus jüngster Zeit des vor einigen Jahren mit dem Goncourt-Preis ausgezeichneten hochbegabten Louis-Ferdinand Celine (»Voyage au bout de la nuit«) angeführt. Sie alle, verschieden an Form, Gestaltungskraft, epischer Technik, sind verbunden durch ein Gemeinsames: das Bedürfnis zum Bekenntnis, das Bemühen um strengste, nackteste Ehrlichkeit, sie alle sind mehr oder weniger Ausdruck und Notschrei der Seele, SOS-Rufe Einzelner und Vereinzelter, die hinaustönen und doch nicht gehört zu werden scheinen von einer allem individualistischen Drängen sonderbar feindlich und gehässig gesinnten Umwelt der Kollektive und des Kollektivrauschs.

An dem schöngeistigen Schrifttum Frankreichs innerhalb der letzten hundert Jahre ist allerdings, von einzelnen Ausnahmen abgesehen, deutlich der Verzicht auf die Betrachtung des Individuums und die immer stärkere Hinwendung zur Beschäftigung mit den Problemen der Gruppe und der Masse festzustellen; lediglich der Symbolismus bildete für eine kurze Zeit eine stärkere Reaktion darauf – seine Wirkung aber war außerhalb der französischen Grenzen, in Deutschland vor allem, weit spürbarer als in Frankreich selbst, wo im Grunde nur eine sehr schmale Schicht von ihm erfaßt und beeinflußt wurde.

In letzter Zeit regen sich nun – und dies darf wohl fraglos als ein sehr deutliches *Symptom der Zeit* und nicht nur als ein *literarisches* Symptom angesehen werden – heftiger und dringlicher als je die Stimmen derer in Frankreich, die in unserer Epoche, in der das Ich allmählich all seiner Einzelformen entkleidet wird, um schließlich bis zur Unkenntlichkeit zu verblassen, sich enttäuscht und angeschreckt auf sich selbst besinnen und allein in der konzessionslosen Abkehr von den uniformierenden und verdünnenden Erscheinungen schematisierender Kollektivität diejenigen Kräfte und Formen aufzuspüren imstande sind, die ihr Leben im eigentlichen bestimmen. Bei dieser Abkehr ist nichts von einer romantisierenden Weltschmerzstimmung zu finden, nichts vom »mal du siècle«. Diese Haltung hat ihren Ursprung allein in dem sehr nüchternen, selbstbesinnlichen Bewußtsein, daß nur der zähe Widerstand gegen die verschlingend-brutalen Kräfte der Umwelt es vermag, dem Ich nicht seine einmalige Prägung zu nehmen.

In bemerkenswerter Schärfe und Intensität werden die hier nur flüchtig skizzierten Gedanken und Empfindungen in dem Bekenntnis-Roman eines jungen französischen Erzählers entwickelt, der in diesen Wochen in deutscher Übersetzung erschienen ist: »Der Unwiderstehliche« von André Fraigneau (S. Fischer Verlag, Berlin). Fraigneau schildert die Eindrücke und Erlebnisse eines jungen französischen Rechtsstudenten in einer Provinzstadt Südfrankreichs. »Fremd in Murs, wie vom Himmel gefallen, Einheimischen und Fremden gleich unbekannt, war er jeder Einordnung entgangen ... Aus einer Art natürlicher Antipathie heraus weigerte er sich mit dem gleichen unwillkürlichen bösen Willen ›aufzugehen‹, den etwa ein weißer Dominostein einem zerstreuten Gast beweisen würde, der ihn für ein Stück Zucker genommen und heftig in seiner Tasse schwarzen Kaffees umgerührt hätte.« – Vergebens versucht der begabte Francœur, zu den Kommilitonen, zu der Stadt, zu den Menschen dieser Stadt eine innere Beziehung zu finden. Er ist nicht etwa unsicher oder ungewandt, im Gegenteil: höchst geschickt, »er gehörte nicht zu denen, die den weichlichen Weg der Träume suchen«, sein Blick für die Umwelt, für ihre Schwächen ist scharf, vielleicht allzu scharf, er aber bleibt in jedem Fall abseits, für sich, isoliert.

Durch Zufall lernt er einen Ausländer kennen, einen Slawen. Er spürt Gemeinsames, er hat Respekt vor dem Stil, vor dem Adel dieses Fremden, der mit lässiger Überlegenheit berichtet, daß seine Familie, verschiedenen Kulturen anvertraut, über die ganze Erde »zerstreut« sei. Und so, wie ihn dieser Fremde anzieht, so lockt ihn alles Exzentrische, alles Fremde, alles Unbekannte. Immer wieder – und wie sollte es auch nicht! – kehrt in seinen Erinnerungen der eigentümliche Selbstmordversuch wieder, den er nach Absolvierung der Schule verübte, dieser Versuch, zum »Abitur des Todes« zugelassen zu werden, der dann scheiterte.

Francœur, sensibel bis zum äußersten, (»Er bewohnte sich selbst mit feinfühliger Zurückhaltung«, heißt es einmal) – willenlos sich treiben lassend und doch von dem einen Willen beseelt, nicht zum Willenswerkzeug der andern zu werden, begegnet – nach dem Slawen Rolf ist dies die zweite entscheidende Begegnung – einer Frau, Sabine, – auch bei ihr findet er das »Wesenhafte«, das er sucht, und das die andern so rasch abgestreift haben, auch sie ist auf der Flucht vor der Umwelt, vor der Einordnung, vor dem Verblassen. Spontan spüren sie beide während der kurzen Strecke, die sie in der Eisenbahn zusammenfahren, daß sie einander verbrüdert sind, »Landsleute« – und doch trennen sie sich, es dem Zufall überlassend, sie wieder zueinander zu führen. So lebt Francœur »als Einzelner, gleich weit entfernt von allen« und doch mitten unter ihnen, gleichmütig das Leben eines Rechtsstudenten in dieser Provinzatmosphäre weiter, teilnehmend an den Schmerzen der Kameraden, an den Freuden mit kleinen Mädchen.

Die Beziehungen zu Proust, von Francœur nur angedeutet, darüber hinaus Prousts Einfluß auf den Autor selbst, sind unverkennbar: proustisch ist Francœurs Feinnervigkeit, sein Beobachtungsvermögen – hier führen übrigens auch die Verbindungsfäden zu dem Seelenzergliederer Stendhal –, proustisch ist die Art, bei bestimmten Gerüchen und Anblicken assoziativ eine ganze, längst versunkene Erinnerungskette ins Gedächtnis heraufzubeschwören, proustisch ist schließlich auch die überwach-morbide Ahnung von den Grenzen alles Seins. Im Gegensatz aber zur resignierenden Müdigkeit des verehrten Dichters bricht bei Francœur immer wieder das Temperament, der Tatendurst des jungen Menschen durch. Überschwang, Kraft, wohin damit? Wo sie einsetzen für wen? Oft sprach er mit Rolf darüber.

Aus Unternehmungslust kaufen sie ein Motorrad. Sie fahren in die Nacht hinaus, saugen den Wind in sich ein, trinken die Schnelligkeit, verlöschen übermütig-verwegen den Scheinwerfer und erkennen die Welt »an ihrem Gewebe«.

Daneben aber geht, herausfordernd nüchtern und geschehenlos, der Alltag weiter. Man tanzt, arbeitet, flirtet, liest, betreibt eine Art »tätigen Schlaf«. Francœur ist überall beliebt, ein hübscher Kerl, ein gescheiter und gewandter Gesellschafter, ein Junge mit tadellosem Benehmen und tadelloser Gesinnung. Er wird umworben, man bemüht sich um ihn, in alle Kreise, zu allen Festlichkeiten lädt man ihn ein, und immer weiß er, daß er nur dann so bleiben wird, wie er ist, so aufrichtig, so unabhängig, so allem empfänglich, wenn er Widerstand leistet, sich selbst nicht verliert. Die schwerste Bewährungsprobe steht noch bevor: Sabine, die Brüderliche, der zu begegnen er immer wieder vermeidet, aus Angst, der Widerstand könnte gebrochen werden. Dann aber trifft er sie, von neuem und stärker noch als das erstemal betört von dieser seltsamen Schönheit, »die zur Neige geht«, ihr verfallen und doch im beginnenden Abwärtstaumel sich selbst auffangend.

Es ist die erregendste Stelle des Buches. Zum erstenmal ist Francœur bei der Geliebten, in der Silvesternacht. Sie erzählen Kindheitserinnerungen. Dann sagt Sabine: »Mitternacht. Wir werden trinken, indem wir die Augen schließen, jeder wird seinen geheimsten Wunsch leise für sich tun.« – Und als sie ihn dann später nach dem Neujahrswunsch fragt, den er für sich gedacht hat, da erwidert Francœur: »Also, ich habe gewünscht, das neue Jahr möge mir noch einmal den Mut verleihen, allein zu bleiben, mehr allein als je!« – So trennt er sich von Sabine, um seine »unglaubliche Ausschweifung ins Nichts« fortzusetzen. Aber immer wieder, mit allen Tücken versucht man, ihn aus seiner Isolierung herauszureißen, die ihn einsam macht und doch zugleich froh, immer wieder lockt ihn, in Augenblicken der Selbstvergessenheit, das »andere«, – er ahnt, daß sein Leben eine Kette von Versuchungen sein wird, er selbst ein gehetzter Flüchtling, wie ein vermeintlicher Missetäter fliehend, eine offene Tür einrennend, sie wieder schließend, sich an den Flügel pressend, die Augen schließend und sich Zeit lassend, »unberechenbare, lachhafte, unendlich lange Zeit zwischen zwei Schrecken«. Das aber weiß er: daß seine Form zu leben die persönlichste ist, die wahrhaftigste, die tapferste. Und daß die Hartnäckigkeit, mit der er, der »Unwiderstehliche«, allen Schwankungen und Lockungen Widerstand leistet, bei aller Vertiefung der Vereinsamung dazu angetan ist, das »Gefühl der Festigkeit« in ihm zu sichern und zu stärken.

Vielleicht wird jemand fragen, weshalb das Buch von Fraigneau, dessen meisterhaft plastische und Typisches treffende Schilderungen französischen Provinziallebens und französischer Jugend absichtlich nur gestreift wurden, um die Betrachtungen ganz auf die Person des jungen Francœur zu beschränken, einer so ausführlichen Analyse unterzogen wurde. Nicht maßgebend waren die schon erwähnten höchst bemerkenswerten Einflüsse des Halbjuden Marcel Proust. Nicht entscheidend war auch, daß der junge Pole Rolf manche Züge birgt, die eine sehr deutliche Beziehung zu denen des jüdischen Menschen aufweisen. Das alles konnte wohl mitbestimmend sein, aber ausschlaggebend war allein dieses: daß das Buch von Fraigneau ein überzeugend aufrechter Aufruf, ein lauteres, männliches Bekenntnis zum Alleinsein, zur Einsamkeit, im Grunde mithin zum *Individuum* ist, ein Buch, das – allzu spärlich in unserer Zeit zu finden – den einen Halt *gebietet* und den andern Halt *gewährt*: »Halt!« gebietet denen, die erschöpft und mutlos hinabgleiten in den Strudel kollektiven Versinkens, Halt gewährt denen, die abseits stehen mitten unter den andern und doch am Rande, ungebeugt, stolz, in ruheloser Einsamkeit, – all denen, für die das Wort Rilkes gilt, das er an den jungen Franz Xaver Kappus gerichtet hat und das, so scheint es, bis in die kleine Stadt Murs, bis zu Francœur, zu Rolf, zu Sabine gedrungen ist: »Aber Ihre Einsamkeit wird Ihnen auch inmitten sehr fremder Verhältnisse Halt und Heimat sein, und aus ihr heraus werden Sie alle Ihre Wege finden.«

CV-Zeitung, 25. März 1937

Das Märchen vom musikalischen Schneider

Es war einmal ... aber nein, die Andersen-Märchen fangen ja ganz anders an. Was ich nämlich erzählen will, ist ein Art Andersen-Märchen, *eine Art*, sage ich, denn ganz stimmt es nicht. Nur ein »fast«-Märchen und nur fast von Andersen, aber weil es nun einmal eine ein bißchen märchenhafte Geschichte ist und außerdem gerade in Kopenhagen spielt, fiel mir der Name Andersen ein, und wenn ich es zu Ende erzählt haben werde, wird man mir zugeben, daß mit ein klein wenig Phantasie – und zu welchem Märchen brauchte man sie nicht? – man meinen könnte, Chaim Ritterband sei gar nicht der Schneidermeister von Østerbro, bei dem die feinen Leute aus Kopenhagen ihre Anzüge machen lassen, sondern eine Puppe, die mitternachts lebendig wird und auf Tischen und Stühlen in dem kleinen Zimmer herumtanzt, in dem Hans Christian Andersen in Dänemarks Hauptstadt so viele seiner schönen Geschichten gedichtet hat. Aber ich will hübsch säuberlich der Reihe nach erzählen.

Eines Tages – das liegt nun schon 25 Jahre zurück – kam ein kleiner ostjüdischer Schneidergeselle namens Chaim Ritterband in Kopenhagen an. Er stammte aus einem Dorfe Polens in der Nähe der ostpreußischen Grenze, hatte viele Geschwister, die nun mittlerweile in alle Himmelsrichtungen der Welt verstreut sind, und weil es den Eltern zu Haus nicht gut ging, schrieb man an die Verwandten nach Amerika, und dann kamen auch prompt Fahrkarten, um hinüberzufahren, aber es waren nicht genug, für Chaim war jedenfalls keine mehr dabei. Darauf nahm er kurz entschlossen seine Kleider, schnürte sie zu einem Bündel und zog nach Königsberg. In Königsberg waren Freunde aus der Heimat, man setzte sich zusammen und beriet über die Zukunft, Existenzfragen, Möglichkeiten.

»Kopenhagen!« sagte einer, »das ist eine Stadt! Kennt ihr sie? Oben im Norden ...« – und er machte eine unbestimmte Handbewegung – »ich sage euch, eine Milch- und Honigstadt des Nordens!« – »Gut«, dachte Chaim Ritterband, »also Kopenhagen!«, nahm wieder sein Kleiderbündel und fuhr mit langsamen Zügen, oft die Reise unterbrechend und bei irgendeinem mildtätigen Juden übernachtend, hinauf in die dänische Residenz.

Mit 60 Øre in der Tasche (so behauptet er jedenfalls, aber selbst wenn es 6 Kronen gewesen sind, macht es keinen großen Unterschied) kam er an der Vesterbrogade an, ein kleines Schneiderlein, jung und arm und den Kopf voll Melodien, grad so wie einige Jahrzehnte vor ihm in derselben Stadt der Märchendichter aus

Odense angekommen war, dessen Kreatur er hätte sein können. Chaim Ritterband besaß den Ehrgeiz und die zähe Arbeitsenergie des ostjüdischen Menschen. Fehlte es nicht an gelernten Schneidern in der Stadt, und hatte er nicht in seinem Heimatdorf eine tüchtige Ausbildung als Schneider erhalten? Bald fand er eine bescheidene Stellung, bald fand er Lob und Anerkennung, und bald – zehn Jahre mochten seit seiner Ankunft inzwischen vergangen sein – hatte er sogar Geld genug, um ein eigenes Geschäft zu eröffnen.

Und nun geschieht das Besondere: eines Tages, als seine Kinder von einer Chanukkafeier heimkommen und traurig sind, weil sie das Lied vergessen haben, das dort gesungen wurde, schafft ihnen der Vater ein neues, erst summt er es leise vor sich hin, dann singt er es, kräftiger, voller, jubelnder, mit Worten, die ihm kommen, ohne daß er recht weiß, wie – alle Musikalität, die jahrelang in ihm schlummerte, bringt er in diesem Lied zum Ausdruck, die Kinder und die Frau stehen fassungslos und beseligt daneben, Vater dichtet ein Lied, ein jüdisches Lied.

Dem Schneider selbst ist es sonderbar zumute. Den heimlichen Wunsch seiner Kindheit, Musiker zu werden, hatte er nie verwirklichen können, immer mußte man erst an den Broterwerb denken. Und jetzt nun, da er sich und der Familie eine Existenz geschaffen hat, da es die unmittelbare Brotsorge nicht mehr gibt, da bricht es wieder heraus, läßt sich nicht länger mehr halten, der Musiker darf Musiker sein, Chaim Ritterband darf dichten.

Als er eine Pause macht, bitten ihn die Kinder, das Lied zu wiederholen. Von neuem beginnt der Schneider. Aber manche Variation, manche Form ist ihm entschwunden, das Lied ist nicht mehr ganz dasselbe, vielleicht schöner, vielleicht nicht so schön – plötzlich unterbricht er sich, eilt zum Telephon, läutet den Kantor an, der sein Freund ist.

»Hast du Notenpapier?« ruft er ihm durch den Apparat zu, »gut, dann hol' es rasch heran, mir ist eben ein Lied eingefallen, das sollst du aufschreiben, bevor ich's vergesse.«

Und dann singt er noch einmal das ganze Lied ins Telephon hinein, und am anderen Ende sitzt der Kantor und schreibt eifrig nieder, was ihm der Freund diktiert.

So entstand das erste Lied Chaim Ritterbands. Und nach und nach entstanden viele andere, fast immer auf die gleiche oder ähnliche Weise. Mitten bei der Arbeit fällt ihm eine Melodie ein, beim Zuschneiden oder bei der Anprobe – »Moment mal,« sagt er zu dem Kunden, geht zum Telephon im Nebenraum, ruft den Kantor an, pfeift rasch die Melodie in den Apparat und kommt wieder zurück, als wenn nichts geschehen wäre. Nie hat er eine musikalische Ausbildung gehabt, ein Noten-Analphabet durch und durch, der nichts, nicht das Elementarste an Musikgesetzen, an Musiktheorie gelernt hat.

Schneller, als er es ahnt, wird er bekannt und berühmt. Draußen in der Welt, in New York und in Warschau, in Paris und am Schweizer Sender, wo seine Lieder von den großen Interpretinnen volksliedhafter Weisen als beste Proben ostjüdischer Volksliedkunst gesungen werden, weiß man nicht, daß ihr Verfasser, ein gewisser Chaim Ritterband, wie der Programmzettel zeigt, ein Schneidermeister in Kopenhagen ist, der die

Lieder auf Eingebung hin und *nur* so, neben und bei seiner Arbeit dichtet (schreibt wäre zuviel gesagt; denn er kann ja selbst nicht Noten schreiben, nicht einmal lesen).

In Dänemark ist es die bekannte Diseuse Engel Lund, die seine Lieder immer wieder und mit riesigem Erfolg zum Vortrag bringt. Ihr hat er auch den Band »Jiddische Melodien« gewidmet, der vor zwei Jahren in einem Wilnaer Verlag herauskam und 45 seiner schönsten Kompositionen enthält. Schlichte, volksliedhafte Weisen sind es, in Klangcharakter und Melodik echtester Ausdruck ostjüdischen Empfindens, von bezwingender Reinheit und Molltiefe zugleich. Erst ganz kürzlich hatte die bekannte Vortragskünstlerin Chajele Grober im Adelphine Theatre in New York starken Erfolg mit seinen Liedern.

Voller Stolz zeigt Chaim Ritterband das Album, das Artikel in allen möglichen Sprachen der Welt enthält, in denen seine Kompositionen besprochen und gelobt werden. »Ich freue mich,« sagt er, »daß ich mit meinen Liedern andern Menschen in der Welt Freude mache. Und ich freue mich, daß es gerade jüdische Lieder sind, mit denen ich ihnen diese Freude bereite.« – Dann greift er wieder nach dem Kreidestift und dem Maßband und eilt, eine kleine Melodie summend, in die Koje nebenan, in der ein dänischer junger Mann schon ungeduldig und keineswegs ahnend, daß die Lieder, die er vor drei Tagen im Kopenhagener Rundfunk hörte, von seinem Schneider waren, auf die Anprobe wartet.

CV-Zeitung, 15. April 1937

Kopenhagens jüdische Bibliothek

1874, einundzwanzigjährig, kommt ein bescheidener junger Mann, David Simonsen aus Kopenhagen, nach Breslau ans Rabbinerseminar. Mit sich bringt er einen scharfen Verstand, ungeheuren Fleiß und – eine Bücherkiste. Die Kollegen lachen ihn aus. Heißt das nicht Eulen nach Athen tragen? Was will er denn mit diesen paar Schriften, wo doch die ganze riesige Bibliothek des Seminars zur Verfügung steht?! David Simonsen lächelt und schweigt. Packt seine Kiste aus, vertieft sich in die Bücher, die er mitbrachte, versieht sie mit Anmerkungen am Rande – wer würde ihm das bei Büchern aus fremder Bibliothek gestatten? –, erwirbt neue hinzu, vermehrt die Sammlung. Als er 1932 hochbetagt stirbt, einer der angesehensten jüdischen Wissenschaftler der Welt, der Nestor der jüdischen Orientalistik, ist aus der Breslauer Bücherkiste eine Bibliothek von etwa 100 000 Bänden entstanden.

Nur wenige wußten damals ihre Bedeutung zu schätzen. Wenn man von den bedeutendsten jüdischen Buchsammlungen der Welt sprach, nannte man die Bibliotheken in Frankfurt, London, Amsterdam und New York. Heute fügt man die »Bibliotheca Simonseniana« hinzu. Nicht umsonst trägt sie, wie es sonst nicht oft üblich ist, einen persönlichen Namen, nämlich den Simonsens und bringt damit zum Ausdruck, daß sie in ihrer Einmaligkeit ganz das Werk ihres Begründers, ganz von seinem Geiste durchdrungen ist.

Nimmt man die Bibliotheca Simonseniana als Ganzes, so sieht man, daß sie in Anlage und Aufbau ganz das Produkt eines zutiefst humanistisch gesinnten, weltoffenen europäischen Menschen ist, der zwar in die Dinge das Maß seines durch Herkunft und Glauben bestimmten jüdischen Empfindens und Denkens legte, dem aber jede bewußte Verengung des Horizonts, jede Einschränkung und Einkapselung, die den Blick in die Weite naher und ferner Kulturen scheuklappenhaft verhindert, sorgsam vermied.

Simonsen entstammte einer alteingesessenen, angesehenen und wohlhabenden dänisch-jüdischen Familie. Besuchern aus Deutschland, die ihn in der Annahme, er käme wie die meisten jüdischen Theologen der nordischen Länder aus Zentraleuropa, danach befragten, wie lange er nun eigentlich schon in Dänemark sei, pflegte er lächelnd zu antworten: »Seit über 300 Jahren.« – Am Breslauer Rabbinerseminar erhielt er eine gründliche Ausbildung. 1879 kehrte er nach Kopenhagen zurück, wo er als Hilfsrabbiner an der Seite Dr. Abraham Wolfs, des ersten Rabbiners im übrigen, der in Deutschland den Doktortitel erworben hatte, tätig war. Nach Wolfs Tode übernahm Simonsen das Oberrabbinat für Dänemark, das damals noch neben den Funktionen in Kopenhagen die Betreuung der im Lande verstreuten Kleingemeinden umfaßte. Heute besteht nur noch die Kopenhagener Gemeinde, die kleineren Gemeinden haben sich im Laufe der letzten dreißig Jahre mit wachsender Zuwanderung zur Hauptstadt aufgelöst. Fünfzigjährig schied Simonsen aus dem Amte, um sich ganz der wissenschaftlichen Tätigkeit widmen zu können. In den nun folgenden Jahrzehnten, in denen er durch keinerlei Amtsgeschäfte mehr abgelenkt wurde, erfuhr auch die Bibliothek ihre stärkste Bereicherung.

Er war ein unermüdlicher Sammler. Aber seine Sammlung erfolgte nicht nach Liebhabergesichtspunkten, sondern, was ihren Wert heute wesentlich erhöht, allein nach Gesichtspunkten des Gebrauchs, der Auswertung. Laufend veröffentlichte er in den führenden wissenschaftlichen Zeitschriften der Welt Aufsätze über Spezialthemen, in den großen dänischen Zeitungen aufklärende Artikel über das Wesen des Judentums. Zu seinem 70. Geburtstag erschien in Kopenhagen eine Festschrift, an deren Herausgabe sich die führendsten jüdischen und nichtjüdischen Gelehrten der Zeit beteiligten. Fünf Jahre später wurde ihm zusammen mit dem jetzigen dänischen Gesandten in Berlin, Kammerherrn Herluf Zahle, der damals Präsident des Völkerbundes war, die selten verliehene große goldene Verdienstmedaille überreicht. Groß waren auch seine philanthropischen Verdienste, die hier nur beiläufig erwähnt werden können. Während des Krieges nahm er bedeutenden Anteil an dem internationalen Hilfswerk zur Unterstützung notleidender Juden in der Welt; unmittelbar nach dem Kriege führte er den Vorsitz in der »Jüdischen Welthilfskonferenz«. Seine Bibliothek, dieses kostbare Gut mühevoller und sachkundiger Zusammenstellung, hätte er kurz vor dem Tode mit großem Gewinn nach Amerika verkaufen können. Aber aus Liebe zu seinem Lande verzichtete er darauf. Er wollte, daß die Sammlung in Dänemark bliebe, einmal weil er sich davon eine wesentliche Stärkung des jüdisch-geistigen Lebens in Kopenhagen versprach, dann aber auch, weil er hoffte, auf diese Weise Gelehrte aus aller Welt in das neutrale kleine Land heranzuziehen. So überließ er die Bibliothek dem dänischen

Staat für die relativ geringfügige Summe von 100 000 Kronen, von denen überdies etwa die Hälfte von den dänischen Juden selbst aufgebracht wurde. Das Unterrichtsministerium veröffentlichte damals eine Erklärung in der dänischen Presse, in der es auf die patriotische Haltung Simonsens und zugleich auch der dänischen Juden hinwies.

Will man das Ergebnis fruchtbarer und schöpferischer Berührung und Überschneidung jüdischer und europäischer Geistesart an einem Werk ablesen, das aus beiden entstanden ist, dann kann man nichts Eindrucksvolleres wählen als die Simonsen-Bibliothek. Nimmt man wahllos aus den Regalen irgendeinen beliebigen Band heraus, so wird man – ob es sich nun um eine Schrift der Kabbala oder um eine moderne Abhandlung über Londoner und Pariser Slang handelt – mit Erstaunen und Bewunderung feststellen, daß fast jedes dieser Bücher mit Anmerkungen Simonsens am Rande versehen ist. Winzige, dünne Notizen sind es, oft nur sehr schwer lesbar, teils dänisch, teils deutsch, teils hebräisch. So geht ein eigentümliches Fluidum von der »Bibliotheca Simonseniana« aus. Hinter allem spürt man die Persönlichkeit Simonsens, und fast will man meinen, als verpflichte allein schon der Gebrauch seiner Bibliothek dazu, sie in *seinem* Sinne, im Sinne eines echten Humanitätsgefühls, eines von aller leidenschaftlich-gehässigen Trübung freien Forschens und Erkennens zu benutzen.

Im ältesten und schönsten Teil Kopenhagens, neben Schloß Christiansborg, liegt die königliche Bibliothek. Fast jede Abteilung enthält Bände, deren Exlibris mit dem Davidstern darauf hinweisen, daß sie Bestandteile der Simonsen-Sammlung bilden. Der wichtigste Teil seiner Sammlung aber – Judaica und Hebraica – wird naturgemäß geschlossen in einem eigenen Teil des weiten Gebäudes verwaltet. Alle nur denkbaren Erscheinungen jüdischen Schrifttums finden sich hier. Älteste Bibelausgaben und -kommentare, Bibelübersetzungen in fast allen Sprachen der Welt, Predigtsammlungen, die zum Teil großen personalhistorischen Wert haben, kabbalistische und halachische Schriften, Midraschim, Memoiren und Briefsammlungen, polemische Werke, Belletristik, Religionsphilosophie, Parodien, Fabeln, Traumbücher, überhaupt jede Art Volksliteratur. Manche Werke enthalten Besitzervermerke bedeutender jüdischer Persönlichkeiten, wie Rabbi Akiba Eger. Auf seltsamsten Umwegen gelangten sie oft aus irgendeinem galizischen Städtchen in den Besitz des Kopenhagener Gelehrten. An Büchern, die vor 1500 gedruckt wurden (Inkunabeln), besitzt die Bibliothek elf, darunter ein Bruchstück der Mischne Thora, wahrscheinlich in Portugal imprimiert, und einen Ritualkodex – »Tur orach chajim« – von Soncino etwa 1490 gedruckt, mit den damals üblichen staatlichen Zensurvermerken im Text. Einen der kostbarsten Teile der Bibliothek bildet die besonders umfangreiche Responsensammlung. Unter den etwa achthundert Bänden, die auch eine wichtige Quelle zur Erforschung jüdischer Kulturgeschichte bilden, befinden sich in einer handschriftlichen orientalischen Ausgabe aus dem 13. Jahrhundert neben einer gedruckten Sammlung aus Konstantinopel (1520 bis 1540) die Responsen von Maimonides und seinem Sohn Abraham, die als Hauptquellen für alle Arbeiten über Maimonides-Responsen angesehen werden können.

Besonders reizvoll und aufschlußreich hinsichtlich der Geschichte der Juden in Dänemark ist die Responsensammlung »Scharagat Arje«, die 1746 in Saloniki erschien. Darin befindet sich eine Korrespondenz zwischen zwei Rabbinern anläßlich eines Schiffbruchs bei Marstrand in Schweden im Jahre 1692, bei dem auch kurländische Juden, die sich auf der Überreise von Holland in ihre Heimat befanden, ums Leben kamen. In dieser Korrespondenz wird nun die Kopenhagener Gemeinde zum erstenmal in der hebräischen Literatur erwähnt: Gemeindevorsteher und Gemeindediener der dänischen Hauptstadt fahren nach Marstrand, um die Leichen der Ertrunkenen zu identifizieren.

Spaltenweise könnte man über die Fülle seltener und seltenster Bücher berichten, die sich in der Bibliotheca Simonseniana befinden: eine Koranhandschrift in arabisch, persisch und hindu nebeneinander, einer der ersten jiddischen Drucke aus dem Jahre 1571 (die Übersetzung der Gebete für die Hohen Feiertage), eine hebräische Bibelausgabe aus Pisa mit gedruckten jüdisch-spanischen Anmerkungen am Rande, die fast vollständige Responsen-Sammlung »Peri ez chajim« der Amsterdamer Talmudhochschule, die auch Spinoza besuchte, die seltene Bibelausgabe des Zacharias Crato aus Wittenberg vom Jahre 1586/87 und so fort. Daneben findet man aus neuerer und neuester Zeit eine bemerkenswerte Fülle verschiedenartigster jüdischer Literatur, besonders zahlreich u.a. Schriften der Emanzipation und Reformbewegung der Juden in Deutschland, darunter auch die geschlossenen Jahrgänge der Allgemeinen Zeitung des Judentums. Seit 1933 werden sämtliche jüdische oder auf jüdische Dinge bezugnehmenden Schriften angeschafft, die neu herauskommen, ebenso die wichtigsten jüdischen Zeitungen und Zeitschriften der Welt.

Im Sinne Professor Simonsens wird heute die Bibliothek von Dr. Rafael Edelman verwaltet, der auf Wunsch Simonsens zur Betreuung der Sammlung von Bonn, wo er nach Besuch des Berliner Rabbinerseminars als Assistent des Orientalisten Professor Kahle arbeitete, nach Kopenhagen kam. Nach seiner Auffassung über den Wert und die Hauptbedeutung der Bibliothek befragt, erklärt mir Dr. Edelmann, daß er ihren Sinn vor allem darin erblicke, die Möglichkeit zu bieten, in einem neutralen Lande, wie es heute kaum ein anderes in der Welt gibt, fernab aller polemischen oder auch apologetischen Betrachtungsweise das Problem des Judentums in aller Objektivität und Gewissenhaftigkeit zu studieren. Das ist in der Tat in unserer so bewegten Zeit eine einmalige Chance. Kopenhagen gehört nicht zu den Brennpunkten jüdischen Lebens und jüdischer Arbeit wie etwa Jerusalem, New York oder Berlin. Kopenhagen ist das Zentrum eines ruhigen und geruhsamen Landes, das bis zu einem sehr hohen Maße von den Krisen und Erschütterungen der übrigen Staaten verschont geblieben ist. Als »Land der Gnade« wird Dänemark im hebräischen Schrifttum bezeichnet. Land der Gnade, weil es wie kaum ein anderes durch die Geschichte hindurch Sicherheit und Schutz bot, freundlich und aufnahmewillig, assimilationsbereit. Wenn jüdische und dänische Forscher heute in der »Kongelige Bibliotek« in Kopenhagen zu den Werken der Simonsen-Sammlung greifen, dann tun sie es in dem gleichen freizügigen Geiste kluger Aufgeschlossenheit, in dem einst ihr Besitzer, David Simonsen, sie zusammentrug.

CV-Zeitung, 20. Mai 1937

Abschied von einer Stadt

Um halb acht geht schon der Zug. Früh stehen sie auf. Durchs offene Fenster sickert kalt und fremd das Taglicht. In der Ecke neben dem nun halbleeren Bücherschrank, in dem die Bände wie schlaftrunken schräg und quer gegeneinandergelehnt sind, liegen die Koffer gepackt; abreisefertig, fast vorwurfsvoll, noch nicht hinausgeschafft zu sein. Aus den Schränken quillt Leere, auf dem Teppich ringeln sich zwei alte Krawatten, abgetragen, zerschlissen.

Der Kaffee ist heiß, sie nehmen das Frühstück ohne Hast, es wird kaum gesprochen. Es ist ein gutes Frühstück, aber das Brot bleibt am Gaumen kleben. Dann gehen sie.

»Augenblick«, sagt der Junge, »ich komme gleich.«

Er läuft in sein Zimmer zurück, bleibt ein paar Sekunden stehen. Die weißgelackte Eisenbettstelle, der Warenhausschreibtisch (Barmizwa-Geschenk, Ersatz für Kinderpult), das Bücherregal, der Kleiderschrank – es sieht alles ein bißchen verloren aus. Tisch und Stühle und zwei fade Landschaften an der Wand. Gut, adieu. –

Vorm Haus steht der Portier, raucht. Es ist ein neuer Portier. Der alte ist vor vier Jahren gestorben. Der alte sammelte Briefmarken und der Junge sammelte auch Briefmarken. Manchmal ging er nachmittags zu ihm herunter, es roch immer scheußlich nach Kohl, weil der Mann krank war und Diät halten mußte, aber der Junge merkte den Geruch nicht, während er bei ihm unten saß und Marken tauschte. Wenn er nicht tot wäre, würde ich ihm bald viele fremde Marken schicken können, denkt er. Der neue sammelt keine.

Sie gehen bis zur Ecke, wo die Taxis stehen. Frauen in Pantoffeln schlürfen vorbei, Milchflaschen und Brötchenkörbchen unterm Arm. Ein Mann mit grauer Mütze auf dem Kopf schiebt einen alten Kinderwagen vor sich hin: Zeitungen, die er austragen wird.

Sie steigen in ein Taxi, fahren. Es ist ein ganzes Stück bis zum Bahnhof, aber am Morgen geht es rasch. Die Verkehrsampeln hängen mit leeren Augen in der Luft, wie Vögel, die sich tot in einem Drahtnetz verfangen haben. Vor den Terrassen der Cafés stehen die Stühle übereinandergekippt, die Straßenbahnen fahren noch mit Licht.

Drüben rechts, denkt der Junge, liegt das Geschäft, aus dem ich den ersten Anzug mit langen Hosen hatte. Er macht eine unwillige Bewegung. Warum fällt mir das gerade jetzt ein? Wenn ich wollte, könnte ich mir viele solcher Dinge einfallen lassen: z.B. die Ecke dort hinter der Kirche, an der ich einmal eine Verabredung mit einem rothaarigen Mädchen hatte, das aussah wie ... ja wie eigentlich? Wie eine bestimmte amerikanische Filmschauspielerin jedenfalls, ich komme jetzt nicht auf den Namen. Und hier war das Theater, in dem wir Jungen zum erstenmal »Don Carlos« sahen und »Minna von Barnhelm« und »Hamlet, Prinz von Dänemark« und hier ging es zu der altmodischen Wohnung, in der die Eltern früher wohnten, und gleich hinter der Ecke dort lag unsere Stammkneipe, als wir, neunzehnjährig, einen literarischen Verein gründeten mit gedruckten Statuten und ersten und zweiten Vorsitzenden, und hier … und dort …

Lautlos gleitet der Wagen durch die Straßen.

»Zum letztenmal für lange Zeit, vielleicht für immer, fährst du jetzt diesen Weg«, sagt der Vater mit halblauter Stimme, er sitzt tief zurückgelehnt im Polster neben der Mutter.

»Ja«, sagt der Junge, ohne sich umzuwenden, »natürlich.«

»Fällt es dir nicht schwer, zu denken …«

Der Wagen hält. Monoton geschäftiger Betrieb auf dem Platz vor dem Bahnhof: Gepäckträger, Schuhputzer, Zeitungsverkäufer.

Der Zug steht schon in der Halle, in zehn Minuten fährt er. Freunde sind da und Verwandte. Sie bilden einen kleinen Kreis um den Jungen, er kommt sich etwas unbeholfen vor, lächelt vor sich hin, steckt Päckchen mit Schokolade und Zigaretten ein, die ihm in die Hand gedrückt werden, sagt: »Es ist ja hoffentlich keine Trennung für die Ewigkeit«, und schaut nervös auf die grosse Bahnhofsuhr, weil die zehn Minuten immer noch nicht um sind.

Neben ihm stehen Leute mit Aktenmappen; sie fahren wahrscheinlich geschäftlich in die nächste Stadt, 120 Kilometer weit – am andern Tag sind sie sicher schon wieder zurück. Gelangweilt kaufen sie eine Morgenzeitung und blicken etwas verständnislos auf den jungen Mann, mit dem da soviel hergemacht wird.

Dann kommt das Signal zum Einsteigen. Händedrücken. Küsse, Tränen.

Schwerfällig rückt die Maschine an, die Gesichter schwimmen plötzlich ineinander, um den Mund liegt bei allen der gleiche einsame Zug gekrampften Lächelns. Wortfetzen, Blickfetzen, jetzt geht es schon rascher. »Bleibe gesund, mein Junge!« »Zurückbleiben!«, gesund bleiben, zurückbleiben, gesund bleiben, zurückbleiben, gesund bleiben, zurückbleiben, gesund, zurück, gesund, zurück, gesund, zurück, gesund, zu ..., weg.

»Würden Sie das Fenster bitte schließen«, sagt eine Dame, »es zieht nämlich.«

»Ja, sofort«, sagt der Junge und schließt es. Sie hat recht, er gab nicht acht darauf: es zieht bei offenem Fenster, wenn der Zug fährt.

Draußen gleiten Straßenzüge mit Läden und Autos und Omnibussen und Schutzleuten und Arbeitern und jungen Stenotypistinnen vorbei. Ich erkenne niemand, denkt der Junge, nichts, kein Gesicht, kein Haus, merkwürdig.

Ein Kellner aus dem Speisewagen reißt die Tür vom Gang auf und bietet Kaffee an.

»Nein, danke.«

Er hat zu Hause gefrühstückt wie jeden Tag, wie vorvorgestern und vorgestern und gestern und heute ... ja und heute. Der Zug fährt rasch. Schon kommen Vororte und Gärten und Felder. Es ging überhaupt alles sehr rasch. Es war gar nicht recht feierlich.

Wenn ich die Augen schließe, denkt der Junge (aber er schließt sie nicht), sehe ich die Straße, in der unsere Wohnung liegt, diese helle Straße mit den kleinen Ziergärten vor den Häusern, in der ich beinahe jeden Stein kenne. Der Portier stand vor der Tür und rauchte.

Er greift in die Manteltasche, um Zigaretten herauszunehmen. Ein Stück Papier kommt ihm zwischen die Finger; er wirft einen flüchtigen Blick darauf, es ist ein alter Straßenbahnfahrschein. Achtlos knüllt er ihn zusammen, will ihn unter die Bank werfen, dann aber hält er inne, faltet den Schein wieder sorgfältig auseinander, glättet ihn säuberlich und liest, liest die umständlichen Erklärungen über Gültigkeit und Umsteigeberechtigung, studiert Vorder- und Rückseite, untersucht, auf welcher Strecke und mit welchem Ziel er diesen Schein benutzte, nimmt schließlich die Brieftasche heraus und verwahrt ihn darin wie ein kostbares Dokument. Jetzt trage ich ein Stück meiner Stadt in der Tasche, denkt er, und weil ihm der Gedanke plötzlich grotesk vorkommt, daß es eines Stück Papiers bedarf, um ein Stück Stadt bei sich zu tragen, holt er den Fahrschein wieder heraus, zerreißt ihn mit der gleichen Sorgfalt, mit der er ihn vorher auseinanderfaltete, öffnet spaltweit das Fenster, steckt die Hand mit dem zerrissenen Schein hinaus und beobachtet lächelnd, wie der Wind die Fetzen eilig davonträgt.

CV-Zeitung, 24. Juni 1937

Student in Kalifornien

Berkeley, Mitte Juli

I.

Wenn ich des Abends – an einem der wunderbar-milden kalifornischen Abende – ein wenig die Anhöhen hinaufsteige, die gleich hinter dem Haus, in dem ich wohne, beginnen, mich dann umwende und hinunterblicke ins Tal, dann sehe ich Zehntausende von kleinen Lichtern blinken, es sind die Lichter von San Francisco. Und dort, wo plötzlich der Lichterschwarm abbricht, wo es unbestimmt dunkel wird und der Horizont verschwimmt, dort liegt das Meer, der Stille Ozean, und könnte ich weitersehen, sähe ich in der Unermeßlichkeit dieses Meeres die Hawaii-Inseln und noch einige tausend Meilen weiter die japanischen Inseln, die Küste Asiens, China, Rußland und dahinter endlich, klein und gedrängt, die Länder Europas. Und wenn ich nun den Blick in die andere Richtung wende, dann sehe ich, von mildem Mondlicht umflossen, Hügel- und Bergesketten weit in den Hintergrund sich ziehend; dort, wo das Auge nicht mehr folgen kann, liegen die Sierra Nevada und das Felsengebirge, das gewaltig den Westen vom Osten des Landes scheidet, und weiter dahinter das ungeheure Flußgebiet des Missisippi und seiner Nebenströme und schließlich die Millionenstädte der Ostküste, und ein anderer Ozean trägt seine Wasser hinüber über die Erde, hin zu dem kleinen Kontinent, den ich auch westwärts schauend ahnte, Europa.

Dreiundzwanzig Jahre habe ich auf diesem Kontinent gelebt, habe versucht, so gut es ging, mich einzufügen in das Getriebe dessen, was an Anschauungen und

Werten, an kulturellen Kräften und zivilisatorischen Formen das Leben auf diesem Kontinent bestimmt, habe versucht, selbst ein Teil davon zu werden, und nun beginne ich von neuem, ganz von neuem, denn das Leben ist völlig anders hier, die Anschauungen die ich mitbrachte, sind falsch, und die Erfahrungen, die ich woanders machte, lassen sich nicht anwenden. Wahrscheinlich wird es eine ganze Zeit dauern, bis ich halbwegs soweit bin, mich an alles Neue und Fremde, das mir jeden Tag in anderen Erscheinungen überraschend entgegentritt, gewöhnt zu haben, und zwar so weit, daß ich aufhöre, es überhaupt noch als neu und *fremd* vor allem zu empfinden. Vorläufig gehe ich durch die Tage hindurch wie ein Mann vom Lande durch eine große Stadt, der zwar einen Stadtplan bei sich hat, zu seinem Schrecken aber entdeckt, daß der Plan anscheinend von jemand gemacht wurde, der nie selbst in der Stadt gewesen ist, und daß er nun gezwungen ist, sich allein zurechtzufinden. Erschöpft – manchmal enttäuscht, manchmal begeistert – kommt der Mann abends in sein Hotel zurück, und dann geht alles in seinem Kopf herum, und er versucht, etwas Ordnung in seine Gedanken zu bringen, und oftmals stellt er seufzend fest, daß es gar nicht so leicht ist, und vor allem hat er erkannt, daß eins von Übel ist und schleunigst überwunden werden muß, solange er ernstlich die Absicht hat, in dieser Stadt zu bleiben: nämlich ständig vergleichen zu wollen und das Leben auf dem Lande, weil er es nämlich viel besser kennt und so sehr dran gewöhnt war, angenehmer oder leichter zu finden und etwa zu kritisieren, daß die Leute in der Stadt erst um sieben und nicht, wie er's gewohnt war, schon um fünf aufstehen. »Immer abwarten,« sagt schließlich der Mann vom Lande zu sich und wischt sich den Schweiß von der Stirn, »allmählich werde ich schon dahinter kommen,« und er legt sich ins Bett und voller Spannung wartet er auf die Überraschungen des nächsten Tages.

II.

Ich bin mißtrauisch gegen Verallgemeinerungen. Vor allem, seit ich jetzt selbst sehe, was alles in Europa als »typisch amerikanisch« serviert wird, ist dieses Mißtrauen noch gestiegen. Wer also erwartet, in diesem Bericht Sätze zu finden wie: »Es gibt in Amerika keine ...« oder: »Vor allem hat der Amerikaner ...« wird enttäuscht werden. Ich will nur ein paar Eindrücke schildern und ein paar Erlebnisse. Vielleicht sind sie nicht für Amerika typisch, diesen Anspruch will ich nicht erheben. Aber typisch sind sie sicherlich dafür, wie einem jungen Einwanderer die Dinge entgegentreten.

Der Anblick einer kalifornischen Stadt versetzt zunächst in höchste Verwirrung. Man weiß nicht, was los ist. Vergebens versucht man, in der sonst vertrauten Weise die Dinge abzuschätzen. Alles erweckt den Eindruck des Provisorischen. Holzbaracken lehnen an vierzehnstöckige Wolkenkratzer, völlig unbebaute, zum Teil von Unkraut überwucherte Plätze unterbrechen plötzlich eine Reihe von Geschäftshäusern – dort, wo man meint, nun am Ende der Stadt angelangt zu sein, weil die Häuser mit einem Mal ganz aufhören, entdeckt man zu seinem Erstaunen, daß sie einige hundert Meter weiter mit Tankstellen und Parkplätzen und dahinterliegenden Villen einen neuen Anlauf zum Städtischen nimmt. Immer sind gleich viele Männer beschäftigt, ein

Haus irgendwo abzureißen, wie ein anderes drei Ecken weiter zusammenzuzimmern. Stellt man schließlich verwirrt an einen Eingeborenen oder vorsichtiger: Einwohner – denn wer könnte sich rühmen, in einer kalifornischen Stadt wirklich »eingeboren« zu sein, oft sind die Städte ja jünger als die Menschen, die in ihnen leben … – stellt man also die Frage, wann man denn nun eigentlich denkt, mit der Anlage und dem Bau der Stadt fertig zu werden, so wird man zunächst auf ein Lächeln des Unverständnisses stoßen und schließlich zur Antwort erhalten, daß es sich um einen Dauerzustand handle, daß ständig, den Erfordernissen des Tages entsprechend, Häuser aufgebaut und abgerissen werden, und daß kein Mensch im Grunde wisse, wo die Stadt beginne und wo sie ende und wieviele Einwohner sie habe und ob nicht morgen plötzlich sich aus irgendeinem Grunde das Zentrum um einige Straßenreihen verschieben werde.

Noch einen Grund gibt es vielleicht dafür, daß man alles in diesem Rohzustand des Improvisierten und Provisorischen läßt und nicht auf lange Sicht baut: die Erdbebengefahr. Wie anderswo in der Welt gegen Feuer, sind hier sämtliche Häuser gegen Erdbeben versichert, denn ab und zu gibt es schon eine kleine Erschütterung, die Schäden verursacht. Das letzte Erdbeben fand vor einigen Monaten statt. Es dauerte nur ein paar Sekunden, aber man hatte das Gefühl (wie beim Zahnarzt, wenn er mit dem Bohrer an den Nerv kommt), als wäre es eine Ewigkeit. Mitten in der Nacht geschah es, man wurde unsanft aus dem Schlaf gerissen und hatte vor allem das eine Gefühl: völlige Hilflosigkeit. Immer mehr wuchs dieses Gefühl, dann hörte plötzlich das

Ganze auf, alles war stiller als zuvor, wie wenn die Dinge verstört den Atem anhielten, ein paar Bilder hingen etwas schief an der Wand, und eine Blumenvase lag zerbrochen am Boden.

III.

Seit ein paar Tagen arbeite ich in dem Haus, in dem ich lebe, als Kellner. Ich kam schneller dazu, als ich gedacht hatte. Ich brauchte einfach Geld, um die Studiengebühren an der Universität zu bezahlen, die höher sind, als ich erwartet hatte; so tat ich das, was jeder amerikanische Junge tut, wenn er in einer ähnlichen oder gleichen Lage ist: ich ging zum »boss« des Hauses und fragte ihn, ob er nicht einen »job« für mich hätte.

»Haben sie schon mal als Kellner gearbeitet?«

»Ja, gewiß«, sagte ich zögernd.

»Gut, dann fangen sie morgen an.«

Und so fing ich an. Meine Dienstzeit ist werktags von zwölf bis eins und abends von sechs bis sieben. Ich ziehe mir einen weißen Kittel über, nehme ein Tablett in die Hand und einen Notizblock, um die Bestellungen aufzuschreiben. Das ist alles. Die Leute sind sehr freundlich. Meine Kollegen sind sämtlich Studenten. Niemand von den Gästen nimmt es übel, wenn es manchmal etwas lange dauert oder man mal die Bestellungen verwechselt. Es wird als völlig selbstverständlich angesehen, daß man sich als Student auf diese Weise sein Geld selbst verdient. Der frühere Präsident Hoover, der eine Stunde von hier entfernt in Palo Alto wohnt, hat Jahre hindurch sein Studium in Stanford als Kellner verdient. Das beklemmende Gefühl, nun gleich auf der sozialen Stufenleiter um einige Grade heruntergerutscht zu sein, weil man eine weiße Jacke anhat, hat man hier nicht. Man braucht nicht rot zu werden, wenn man unter den Gästen plötzlich einen seiner Professoren entdeckt. Wahrscheinlich hat er es vor zwanzig Jahren geradeso gemacht wie man selbst jetzt.

Erleichtert wird diese Form des Arbeitens und Geldverdienens in Amerika dadurch, daß man nicht mit dem Beginn der Arbeit automatisch, wie dies in den europäischen Ländern der Fall ist, mit dem ganzen Apparat eines Verwaltungsmechanismus in Berührung kommt. Weder Arbeitgeber noch Arbeitnehmer brauchen irgendwo etwas an- oder abzumelden, es gibt auch keine Verträge und keine Bestimmungen über die Länge der Tätigkeit. Wenn der Chef einen nicht mehr braucht, gibt er einem das Geld für die Zeit, die man gearbeitet hat, und man geht, und wenn man selbst genug hat, ist es ebenso.

Vor ein paar Tagen kam ich an einem Baugerüst vorbei, als mir jemand ein »Hallo!« (sprich: hello-u) zurief. (»Hallo« bedeutet in der Sprache des Amerikaners etwa folgendes: »Guten Tag. Hoffentlich geht's dir gut. Ich freu' mich sehr, dich zu sehen.«)

Ich blieb stehen und sah voller Erstaunen, daß ein Student, der mit mir zusammen im gleichen Haus wohnt, im Maurerkittel auf mich zukam.

»Nanu?« fragte ich ihn, »das habe ich ja gar nicht gewußt, daß du hier arbeitest.«

»Das hab' ich selbst bis heute früh noch nicht gewußt,« sagt er darauf. »Die Sache ist die: ich habe für den nächsten Sonnabend ein Mädchen eingeladen, nach San Francisco tanzen zu gehen, und ich bin völlig BROKE. (Slang für »pleite«) Da bin ich heute zum Arbeitsvermittlungsamt gegangen und habe diese Stelle bekommen. Es ist kein Vergnügen, aber ich bekomme 50 Cents die Stunde; heute ist Donnerstag, das macht also ungefähr zwölf Dollars bis Sonnabend abend. Damit läßt sich schon allerhand anstellen.«

Am Sonnabend sah ich ihn dann, tip-top angezogen, zu seinem kleinen Wagen heruntergehen, mit dem er das Mädchen abholen fuhr.

IV.

Ich spreche nun schon die ganze Zeit von dem Haus, in dem ich wohne, und habe noch immer nicht erwähnt, was es eigentlich für ein Haus ist. Einige Worte darüber zu sagen, lohnt sich schon, denn in Europa gibt es so etwas nicht, und selbst in Amerika bestehen nur drei Einrichtungen wie diese hier: eine andere in New York und eine in Chicago.

Es ist ein »International House«, eine Stiftung des alten Rockefeller, worunter man ebensosehr ein Studenten-Hotel mit Höchstkomfort wie eine auf acht Stockwerke komprimierte Miniaturausgabe der amerikanischen Zivilisation verstehen kann. Studenten-Hotel, denn es leben nur Studenten im Haus, Jungen und Mädchen, im Ganzen 450, »mit Höchstkomfort«, denn es hat alles, was zu einem modernen Hotel gehört. Um nur einiges aufzuzählen: Bad, Duschräume, Haustelephon, Bibliothek, Zeitschriftensaal, Post-Office, Restaurant, Café, Tanzsaal, ein Laden für Kleiderreinigung und Schmutzige-Wäsche-Annahme (tailor-shop), schließlich auch ein Basar, wo man von Milchschokolade und Ansichtskarten angefangen bis zu japanischen Kimonos und Schwarzwälder Uhren alles erhalten kann.

Daß dies Ganze nun mehr noch ist als irgendein Hotel, in dem man zufällig sein Zimmer hat, merkt man sehr bald. Jede Woche kommt eine Hauszeitschrift heraus, die ein ganzes, bis ins Kleinste ausgearbeitetes Programm enthält: Tanz, Vorträge, Diskussionsgruppen, Sprachtische, Führungen, Ausstellungen, gemeinschaftliches Singen, Tees, literarische Abende, Vorführung künstlerisch hochwertiger Filme, Konzerte, es fehlt einfach nichts in der Reihe aller Möglichkeiten und denkbaren Unterhaltungen.

Das »social life« spielt eine ungeheure Rolle. Man ist nie allein, sondern immer in Gruppen. Wenn die Amerikaner – und wie sehr erst die Kalifornier! – so vollkommen unproblematisch sind, so liegt es wahrscheinlich daran, daß sie es durch dieses Betäubungsmittel des »social life« niemals zu einer eigentlichen Problematik des Ich kommen lassen. Ich habe versucht, während meines kurzen Aufenthaltes in Kalifornien in das jüdische Leben des Landes einzudringen. Ich habe dabei entdeckt, daß die jüdische Haltung weder religiös noch politisch, sondern rein gesellschaftlich bestimmt ist. So wie es in der Studentenstadt Berkeley Dutzende von christlichen Klubs gibt, gibt es auch eine Art jüdischen Studenten-Klub, die »Hillel Foundation«. Ein Merkblatt für Studenten erklärt ihre Funktion wie folgt: »Durch wöchentliche Tees, Tänze und Empfänge bietet Hillel jüdischen Männern und Frauen eine geeignete Stätte der Zusammenkunft mit ihren Glaubensgenossen und eine Gelegenheit, Bande der Freundschaft mit ihren eigenen Brüdern zu festigen. Ihr gesellschaftliches Leben erzeugt jene Wärme und Farbe, die Ersatz schafft für die Bande der Häuslichkeit.«

Dieser Erklärung läßt sich kaum etwas hinzufügen. Jüdisches Leben ist eben Gesellschafts-Leben, wer mehr erwartet, wird es sicher in den jüdischen Massensiedlungen des Ostens der Staaten finden, kaum aber in Kalifornien.

V.

Immer wieder wird einem zu Bewußtsein gebracht, wie ungeheuer weit man von Europa und der früheren Heimat entfernt ist. Die Menschen sehen anders aus, kräftiger, gesünder, braungebrannt, – Landschaft und Klima, Pflanzen- und Tierwelt, alles ist anders, es gibt noch Klapperschlangen und Bären unweit der Städte und seltsame exotische Gewächse, wie ich sie vorher nie gesehen habe, immer hat man das Gefühl, in einem jungen Land zu sein – erst mit dem Goldrausch um die Mitte des vorigen Jahrhunderts setzte die große Einwanderungswelle nach Kalifornien ein –, das bislang das Glück hatte, von allen Krisen und Schattenseiten der Zivilisation verschont zu bleiben.

Daß von den Pflanzen und Früchten, die Kalifornien in verschwenderischer Fülle besitzt, irgendwelche in Europa nicht vorhanden sein könnten, erscheint dem Kalifornier geradezu unvorstellbar. Kürzlich sagte ich zu einem Studenten, ich habe zum ersten Mal heute »eggplant« (Eierpflanzen) gegessen; dieses Gewächs kenne man bei uns zu Hause nicht. Darauf sah er mich verwundert an und erwiderte schließlich: »Is that so? (Tatsächlich?) Ja haben Sie denn zum Beispiel diese Pflanze hier?« Und er zeigte auf einen Korb mit Spinat.

Oft trifft man Gebildete, die keine Ahnung haben, ob Kopenhagen in Dänemark, Schweden oder Norwegen liegt oder ob Belgien eine Republik oder eine Monarchie ist. Man soll darüber nicht lächeln. Wer weiß denn zum Beispiel sofort, wo Texas liegt oder wie die Hauptstadt von Kalifornien heißt. (Nämlich Sacramento. Kalifornien ist übrigens fast so groß wie Deutschland.)

Europa ist eben sehr weit, das Interesse an den westlich gelegenen Ländern Japan und China ist meist auch, wie man aus den Artikeln der Tageszeitungen, aus Vorträgen und Gesprächen sehen kann, stärker und die Kenntnis der Kultur, Geschichte und Politik dieser Länder stärker als bei uns.

Die jüdischen Einwanderer, die in den letzten Jahren herkamen, haben, soweit ich es bisher habe erfahren können, im allgemeinen wenig Schwierigkeiten gehabt, sich einzugliedern. In diesem Land, in dem die Eltern oder Großeltern der meisten selbst aus fremden Ländern kamen, ist man geneigt, den Neuhinzukommenden freundlich aufzunehmen – die Schönheit der Landschaft, die in ihrer harmonischen Vielfalt von Wäldern, Seen, Meer und Gebirge oft an die schönsten Teile Oberitaliens oder der Schweiz erinnert, und das ideale Klima – neun Monate hindurch regnet es überhaupt nicht, zugleich ist es nie zu heiß oder trocken – machen den Anfang außerdem leichter.

Ich kann nicht beurteilen, ob es richtig ist, heute noch von Amerika als dem »Land der unbegrenzten Möglichkeiten« zu sprechen. Eines scheint mir jedenfalls sicher: daß es hier in Kalifornien für jeden, der gesund ist und bereit, jede Art von Arbeit anzunehmen, immer möglich sein wird, soviel zu verdienen, wie er zum Leben braucht. Voraussetzung ist allerdings immer die legale Einwanderung.

Neulich ging ich mit einem jüdischen Freund, der hier Mathematik studiert, die Berge hinauf. Als wir ein wenig müde waren, suchten wir einen schattigen Platz, auf dem wir ausruhen konnten. Vor uns lagen die hellen von Gärten umsäumten Häuschen Berkeleys und die Bucht mit der neuen silberglänzenden Brücke, die hinüberführt zu den Hügeln, auf denen die Wolkenkratzer San Franciscos steil und leuchtend in den Himmel ragen.

Wir sprachen über den Film, den wir beide noch vor ein paar Monaten in Berlin gesehen hatten und der so hieß wie die Stadt drüben auf der anderen Seite der Bucht, und wir sprachen von dem großartigen Ende, in dem die Menschen sich bei den Händen nahmen und hingingen, um die Stadt, die ihnen zerstört worden war, neu aufzubauen. Und wir dachten an die Zeit, die hinter uns lag und die nun abgeschlossen war und daß wir dreiundzwanzigjährig sind, und an das, was nun kommen wird. Und sicher waren wir in diesem Augenblick sehr zuversichtlich.

Sonderbericht der CV-Zeitung, 26. August 1937

Eine offene Antwort

Berkeley (Kalifornien), Mitte Oktober

Auf meinen Artikel »Student in Kalifornien«, den die CV-Zeitung in Nr. 34 vom 26. August veröffentlichte, bekam ich eine Reihe von Zuschriften. So sehr mich diese Briefe als Zeichen des Widerhalls und des Interesses an meinen Eindrücken freuen, so sehr haben sie mich zugleich in Verlegenheit versetzt. Ich hatte in meinem Artikel erwähnt, daß ich selbst erst wenige Monate hier im Lande bin, gerade selbst erst versuche, so gut es geht, mich zurechtzufinden und erste, flüchtige Eindrücke zu ordnen. Und doch nahmen die Briefschreiber an, sie wendeten sich an einen Experten, an jemanden, der mit allen Problemen, die Amerika betreffen, aufs engste vertraut sei und über alles genauestens Bescheid wisse. Von ganz vagen und allgemein gehaltenen Fragen wie: »Können sie mir irgendwelche Tips geben, um herüberzukommen?«, bis zu detaillierten Erkundigungen über die Aussichten in dieser oder jener Branche an dem und dem Platze war alles vertreten. Da saß ich nun also mit den Briefen vor meiner Schreibmaschine und versuchte, jeden einzelnen, so gut es ging, zu beantworten (denn aus eigener Erfahrung wußte ich wohl, mit wieviel Ungeduld die Schreiber auf die Antwort warten), und dann beschloß ich schließlich, außerdem noch eine generelle Antwort zu geben, und hier sei sie nun.

Aus allen möglichen psychologischen Gründen ist es nur zu verständlich, daß man von jemandem, der irgendwo im Ausland sitzt, erwartet, daß er genau über das Land, in dem er sich, wie kurze Zeit auch immer, befindet, orientiert sei. Wie aber verhält es sich damit in Wirklichkeit? Ist es nicht so, daß man – soviel Selbstvertrauen man auch haben mag – am Anfang, meist verwirrt von den vielen neuen Eindrücken, von den ungewohnten und unerwarteten Dingen, die einem täglich begegnen, erst unsicher und meist recht mühsam versucht, sich in die neuen und völlig fremden Verhältnisse hineinzufinden? Was ist es denn, was einen im Grunde, wenn wir ehrlich sein wollen, am Anfang am meisten beschäftigt und zugleich auch am meisten Schwierigkeiten macht? Etwa herauszubekommen, ob nun die Amerikaner wirklich »materialistisch« seien, oder wie die Frage der Weißen und Schwarzen gelöst wird? Nein, von der meist alles andere zunächst überschattenden Sorge um Existenz, Stellung, Lebensunterhalt abgesehen, sind es die ganz kleinen und ganz persönlichen Dinge: etwa zu wissen, wie man auf Englisch sagt, daß man die Oberhemdenkragen nicht gestärkt haben will, oder einen billigen Spediteur in Erfahrung zu bringen, der einem ein paar Bücherkisten vom Schiff zur Wohnung transportiert, oder zu erfahren, wie schwer ein Luftpostbrief sein darf, um zur Grundgebühr für Luftpostbriefe nach Europa befördert zu werden, usw. – Man tue das nicht mit der Bewegung ab: das sind ja alles nur Bagatellen! Gewiß sind es Bagatellen, aber sie gehören nun einmal dazu, sehr sogar, und gerade am Anfang spielen diese kleinen und kleinsten Dinge in ihrer unerwarteten Häufung eine große Rolle.

Wie immer man auch sein Leben ansieht: niemand »wartet« auf einen in Amerika, und so wenig wie man auf dem Schiff dem sagenhaften Dollarmillionär begegnet, der einem auf die Schulter klopft und sagt: »Sie, junger Mann, Sie sind gerade der richtige für mich, für Sie habe ich einen Posten als Privatsekretär. Gehalt spielt keine Rolle«, so wenig stehen die Amerikaner am Landungssteg und warten darauf, einen in Empfang zu nehmen und einem alles abzunehmen, was man in der ersten Zeit an Schwierigkeiten zu überwinden hat.

In seinem Artikel im Juliheft des »Morgen«: »Amerika – hast du es besser?« schrieb Joachim Prinz, daß einem der Emigrationsbeamte, wenn man ankäme, die Hand schüttle und einem »Welcome in America« zurufe. Nun, ich muß leider gestehen, daß mir kein Emigrationsbeamter die Hand geschüttelt hat, und auch andere, die ich fragte, wissen sich an einen besonderen Willkommensgruß des Emigration-Officers nicht zu erinnern. Damit will ich keineswegs etwa sagen, daß die Amerikaner unhöflich oder unfreundlich seien oder einem gar, wenn man hier ist, irgendwelche Schikane bereiten. Durchaus nicht. Aber die anderen reißen sich auch für einen kein Bein aus. Die Amerikaner tun es füreinander nicht – das entspricht völlig ihrem gesunden Lebensegoismus –, wie kann man es von ihnen da Fremden, Ausländern gegenüber erwarten? Das alles – um nicht mißverstanden zu werden – bezieht sich in keiner Weise etwa auf die großartige Arbeit, die von den Hilfs- und Unterstützungskomitees geleistet wird und die nicht genug anerkannt werden kann – ich rede jetzt nur von den kleinen Dingen des täglichen, alltäglichsten Lebens.

Wenn ich also am Anfang schrieb, daß mich die Briefe, die ich erhielt, einigermaßen in Verlegenheit versetzt haben, so werden die Absender der Briefe, falls sie diesen Artikel lesen, sicher sehen, was ich meine. – Da kommen also Briefe an jemand, der erst ganz kurze Zeit in einem fremden Lande ist, noch wenige Menschen hier kennt und in den Briefen wird Auskunft über Dinge verlangt, mit denen sich der Empfänger nie befaßt hat, ja nie befassen konnte – und von denen er in aller Wahrscheinlichkeit nach niemals etwas erfahren wird.

Manche Leute haben bekanntlich die Fähigkeit, über Bücher und Filme zu sprechen, die sie nie gelesen oder gesehen haben. Das ist immerhin nicht sehr gefährlich. Denn das Schlimmste, was dabei riskiert wird, wäre, daß sich einer daraufhin einen Film ansieht, der es nicht wert ist oder ein gutes Buch *nicht* liest, weil der andere sich abfällig darüber geäußert hat. Bei so wichtigen und entscheidenden Fragen wie der Auswanderung ist es aber anders. Und meiner Ansicht nach ist es in vielen Fällen nicht nur ehrlicher, sondern auch sehr viel verantwortungsbewußter, ganz einfach zu schreiben: »Das weiß ich nicht. Darüber habe ich keine Erfahrungen.«

Aber man soll nicht Unmögliches verlangen. Man soll nicht erwarten, daß jemand, der Geschichte studiert, über die Aussichten eines Foto-Ateliers Bescheid weiß und jemand, der seit vier Monaten, solange er nämlich in Amerika ist, schwer in einem Büro in San Francisco arbeitet, mitteilen kann, in welchem Teile Kaliforniens seiner (!) Ansicht nach sich eine Hühnerfarm am besten einrichten ließe. Und schließlich sei noch auf einen letzten, wichtigen Punkt hingewiesen: es hören ja keineswegs, wie manche es sich zuweilen vorstellen, mit dem Augenblick, da man nun, das Visum in der Tasche, den neuen Boden betritt, alle Sorgen und Schwierigkeiten plötzlich auf. In den meisten Fällen und vor allem auch in einem Lande, wo so zäh gearbeitet wird wie in den Vereinigten Staaten, erfordert gerade der Anfang außerordentlich große Anstrengung und Mühe. So kommt es denn, daß manche, die wirklich vom besten Willen beseelt sind, andern zu helfen, zunächst so völlig damit beschäftigt sind, ihre *eigenen* Dinge in Ordnung zu bringen, daß sie kaum wissen, wie sie – über die Mitteilung ihrer persönlichen Erfahrungen hinaus – anderen wichtigen und nützlichen Rat geben können.

Man soll die Absicht dieser Zeilen nicht mißverstehen: sie sollen keineswegs dazu dienen, irgend jemanden davor abzuschrecken, an Freunde und Bekannte Briefe mit der Bitte um Informationen zu schicken. Meine Absicht war nur, ein paar der Gründe aufzuzeigen, die erklären mögen, warum in manchen Fällen die Antworten ein wenig anders aussehen, als man erwartet hatte. Und somit erwarte ich geduldig die nächste Post aus Europa …

CV-Zeitung, 19. November 1937

Editorische Notiz

Dieser Band versammelt Feuilletons, Glossen und Artikel, die Heinz Berggruen zwischen 1935 und 1937 für die »Frankfurter Zeitung« und die »CV-Zeitung«, eine in Berlin herausgegebene jüdische Wochenzeitung, geschrieben hat. Vier der Feuilletons aus der »Frankfurter Zeitung« wurden im Anhang von Heinz Berggruens Autobiographie »Hauptweg und Nebenwege« (1996) veröffentlicht; sie sind hier in die chronologische, nach jeweiligem Erscheinungsdatum geordnete Reihenfolge integriert.

Die Artikel über Kopenhagen entstanden während eines mehrmonatigen Aufenthalts von Heinz Bergruen in Dänemark, nachdem er Berlin schon verlassen hatte, aber noch auf das Visum in die USA wartete. Ende 1936 konnte er über Kopenhagen, Le Havre, New York und dann durch den Panama-Kanal nach Kalifornien reisen, wo dann 1937 auch die beiden letzten Artikel dieser Auswahl entstanden.

2. Auflage 2004

Gneisenaustraße 2
10961 Berlin
www.transit-verlag.de

Umschlaggestaltung und Layout: Gudrun Fröba
Umschlagfoto: John Gutmann, »Innocence«,
Young Heinz Berggruen through the broken Glass,
San Francisco, 1939
Frontispiz: privat, 1937
Druck und Bindung:
Pustet KG, Regensburg
ISBN 3-88747-191-1